扫码观看"国家级非物质文化遗产代表性传承人——施金水"综述片

浙江省国家级非物质文化遗产
代表性传承人口述史丛书编委会

郭艺 主编

浙江省国家级非物质文化遗产

张小泉剪刀锻制技艺

代表性传承人口述史丛书

《施金水》卷

潘昌初 编著

浙江摄影出版社
全国百佳图书出版单位

序　言

　　国家级非物质文化遗产代表性传承人抢救性记录是新时期非物质文化遗产保护的一项重要工作。自 2015 年起，国家级非物质文化遗产代表性传承人抢救性记录工程全面启动，针对非物质文化遗产代表性传承人，采用数字化多媒体等现代信息技术手段，进行人物访谈、传承实践、带徒教学的全方位记录，并对已有文献资料进行搜集，建立传承人专项数据库，将记录成果编纂成书。

　　国家级非物质文化遗产代表性传承人掌握着丰富的知识与精湛的技艺，是历史文化的重要承载者和传递者。代表性传承人所承载的精湛技艺、实践经验、文化记忆和传承能力，是非物质文化遗产传承发展的核心内容与动力来源。由于代表性传承人在非物质文化遗产传承中的核心作用与不可替代性，加之国家级代表性传承人普遍年事已高，对他们及其技艺的记录任务尤为紧迫。全面、真实、系统地记录国家级非物质文化遗产代表性传承人掌握的知识和技艺，不仅可保留中华优秀传统文化基因，也为后人研究、宣传、利用非物质文化遗产留下宝贵资料，对传承和弘扬传统文化、构建中华民族优秀传统文化传承体系具有重要意义，这是一项与时间赛跑的工作。

　　将抢救性记录中的口述访谈内容梳理转化成口述史，这是一项极为繁重的工作，不仅要保留口述真实的特点，还要强调语言文字的严谨。该套丛书是浙江在开展国家级非物质文化遗产代表性传承人抢救性记录工作的基础上，组织专家、专业人员撰写，在编纂过程中，既尊重传承人口述的真实性，又兼顾可读性，在不改变传承人原意的前提下对文字进行了部分调整。

　　该套丛书以传承人为单元，一人一书，单独成卷。从传承人第一人称口述的角度，记录国家级非物质文化遗产代表性传承人传承实践的丰富历程，讲述他们多彩的人生故事。该书还对传承人所属的项目进行介绍，从文化价值、存续状况、传承保护等方面叙述项目的基本情况，从生平事迹、学艺师承、授徒传承等角度阐述传承人的生平经历。丛书的重点定位在传承人的从艺经历、实践经验、传承状态等内容，此外，与传承人相关的人员分别从不同角度多层次地补充了传承人的经历。书中还附有传承人个人年表、文献图录等，提升了丛书的学术价值。

该套丛书由浙江省非物质文化遗产保护中心主持编纂，组织非物质文化遗产专家、文化学者、出版社编辑等讨论丛书的框架、体例、版式；丛书分卷作者用心编撰书稿，反复斟酌文字，不厌其烦地查阅资料、核对内容；代表性传承人及其家人也积极主动参与了丛书的编撰过程。各方的共同努力，终于促成了该套丛书的付梓。

我们相信，"浙江省国家级非物质文化遗产代表性传承人口述史丛书"能为非物质文化遗产保护工作者、研究者铺路搭桥，提供丰富、翔实、鲜活的第一手资料，同时也希望能让记录成果更好地发挥作用，让非物质文化遗产保护成果惠及大众，为社会共享。

丛书编委会

目　录

附录 / 092

第一章　项目概况

　　杭州市"张小泉剪刀锻制技艺"属传统技艺类项目，于 2006 年被国务院公布为第一批国家级非物质文化遗产名录项目。

　　剪刀作为日常生活用品，在中国可谓是一个非常古老的物件，商周时期，文献里就有关于"剪"的记载。《韩非子·五蠹》有"尧之王天下也，茅茨不剪"，说的是尧生活俭朴，做了王以后仍用茅草覆盖屋顶，且没有修剪整齐。《诗经·召南·甘棠》有"蔽芾甘棠，勿翦勿伐，召伯所茇。蔽芾甘棠，勿翦勿败，召伯所憩。蔽芾甘棠，勿翦勿拜"的诗句，描写周宣王时人民怀念召伯的仁慈德政，在召伯去世后保护他所休憩过的甘棠树，勿剪勿伐。

　　我国现存最早的剪刀实物，是西汉古墓中出土的"交股屈环"剪，距今已有 2100 余年。此剪的结构形制充分利用金属弹性，它两刃相连，剪后能自动复原。到了唐代，剪刀的使用已十分普遍，材质也从青铜发展到银、铜、铁等。形制虽仍是"交股屈环"，但出现

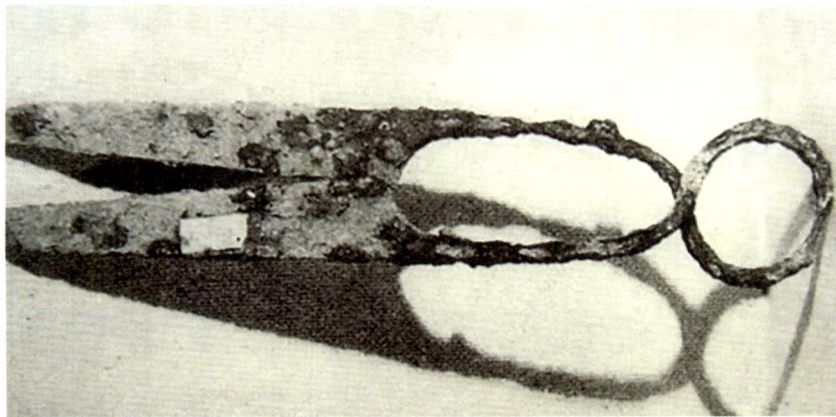

陕西宝鸡出土的西汉铁剪（交股式）

苏州元末剪刀（铜质），与今天的剪刀基本无异

运用錾珍珠、鎏金錾刻花鸟纹等工艺装饰，使剪刀不仅是日用工具，也成为具有欣赏价值的工艺品。唐代制剪业最负盛名者当属并州（今山西太原）。诗圣杜甫《戏题王宰画山水图歌》云："尤工远势古莫比，咫尺应须论万里。焉得并州快剪刀，剪取吴淞半江水。"到了五代及北宋时期，工匠们将剪刀的两刃分离，在刀与把中间打个小小的轴眼，安上支轴，将力的支点移到刀与把之间，于是剪刀整体呈"X"形。这意味着传统的弹簧剪已发展成支轴剪，从此，剪刀利用杠杆原理，大大增加了剪切力度。直到今天，"X"形始终是剪刀的主流造型。

在中国漫长的历史演变中，剪刀的主要产地也发生变化。北方的连年战乱，多发的黄河水患，都严重影响着当地经济的发展。同时期的南方社会则相对稳定，经济得以繁荣，商贾工匠遂逐渐南移。南宋吴自牧在《梦粱录》"团行"一节中提到"钉铰作"（剪刀作坊），在"诸色杂货"一节中又提到"修磨刀剪"，说明南宋杭城已有剪刀作坊和修磨刀剪的匠作。

中国当代著名的剪刀，当数北京的"王麻子"和杭州的"张小泉"，故有"北王南张"之称。张小泉剪刀有着"三百多年历史，三百多年信誉"，更被誉为"剪刀之冠"。

一、张小泉剪刀的历史沿革

张小泉剪刀是杭州富有地方特色的传统手工艺制品，流传至今已经历了三百多年的风吹雨打。在典籍史志、街巷传闻中，"张小泉"

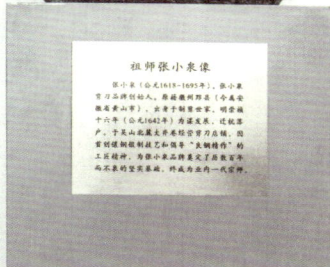

张小泉像

张大隆剪刀铺插图

长期被奉为佳话。张小泉本人，更被业内尊为三十六行之一制剪业的祖师。张小泉剪刀锻制技艺具有独特的历史文化价值、科学价值和工艺研究价值。

（一）明清时期发展情况

明万历年间（1573—1620），徽州黟县会昌乡人张思佳在芜湖学成制剪刀技艺后，回黟县开一剪刀铺，号"张大隆"。万历末年，与大多徽商一样，为谋求新的发展，张思佳举家迁至杭州，在市井繁华、商贾云集的吴山北麓大井巷搭棚设灶，继续经营剪刀店铺，招牌仍号"张大隆"。

明崇祯元年（1628），张思佳的儿子张小泉接管店务，在祖传技术的基础上，不断对剪刀锻制技艺进行改进和创新。他一改用铁锻打剪刀的常规，经过反复琢磨，研制出"剪股、剪背用铁，剪刃用钢"的方法，首创"嵌钢制剪"工艺。他制成的剪刀，镶钢均匀，磨工精细，刀口锋利，开闭自如，远远超过了父亲张思佳的水平，因而名噪一时。因"张大隆"剪刀生意红火，就有人纷纷跟着制剪，并冒"张大隆"牌子出售。面对市肆中愈演愈烈的同行冒牌，张小泉无奈在清康熙二年（1663）将"张大隆"改为"张小泉"。"张小泉"品牌的成名史，也就从此开始。

"张小泉"剪刀铺在更名后，一直处在繁荣发展阶段。张小泉去世后，其子张近高继承父业，为保护自身利益，在"张小泉"名字下加上"近记"两字，视为正宗。据说，"张小泉"剪刀还曾受到过乾隆皇帝的赞赏。清乾隆四十五年（1780），乾隆皇帝第五次下江南，微服私访至杭州城隍山，来到张小泉近记剪刀店，对做工精良、手感舒适的张小泉剪刀越看越喜欢，便购买了几把带回宫中供妃嫔使用。因反响颇佳，翌年便责成浙江专为朝廷采办贡品的织造衙门进"张小泉近记"剪刀为宫中用剪，又御笔亲题"张小泉"三字赐予张小泉近记剪刀铺。从此，"张小泉"剪刀又被称为"宫剪"，名播南北，誉满华夏。

一直以来，张小泉剪刀的盛名于文献典籍多有记载。清范祖述著《杭俗遗风》（1863年著述），将张小泉剪列为驰名类产品，为称雄市场的"五杭"（杭扇、杭线、杭粉、杭烟、杭剪）之一。清光绪刻本《杭州府志》记载："杭州大井巷成市，外方购者以杭剪名。"这里的"成市"，就是大井巷成了剪刀市场，"杭剪"指的就是张小泉剪刀。浙江省商务管理局在《杭州之特产》中提到："有浙人服宦于京都，进京时购得张小泉近记剪刀，分送京都至友同僚，受者咸为赞许，杭剪之名乃大噪。"清钟毓龙（1880—1970）《说杭州》一书中记下了当时来杭游客争相购物的盛况："来时除城里城外烧香外，必购大量之物以归，如王大娘之木梳，张小泉之剪刀，众德堂、庆余堂之药物，种种不可悉数……"

清光绪二年（1876），张小泉近记店主张利川去世，其子永年尚幼，店铺由永年之母孙氏掌管。此时张小泉"生意兴隆，利市十倍"，以致"同行冒牌，几乎遍市"。当时在杭州城中就出现"老张小泉""真张小泉"，或在"张小泉"三字下加"琴记""井记""道记""静记"等剪刀店铺。时有诗云"青山映碧湖，小泉满街巷"，足见其时市井中冠"张小泉"名的剪刀铺之众多。孙氏精明能干，对"小泉满街巷"的情况十分担忧，便在吴山脚下拦轿告状，向知县束允泰控告商家假冒伪劣行为。束允泰对"张小泉"剪刀铺的经商传统十分推崇，对这位不惜抛头露面来保护品牌的坚强女子亦十分佩服，便出示"永禁冒用"告示，并刻石碑立于"张小泉"剪刀铺店门。

手绘张永年之母孙氏拦轿告状

"永禁冒用"碑

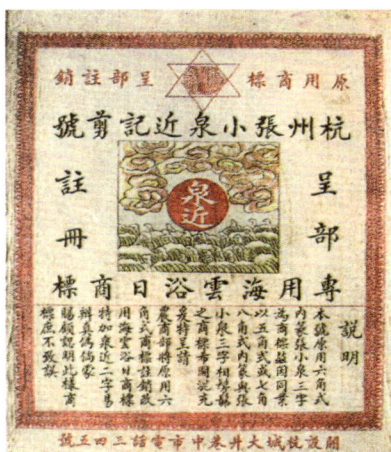
张小泉"海云浴日"商标

清宣统元年（1909），清政府开设商标注册制度。"张小泉"剪刀以"海云浴日"为商标，送至知县衙门，并报农商部注册，商标上还加上"泉近"字样，为我国商标注册史上第一批注册商标之一。

（二）民国时期发展情况

清宣统元年（1909），"张小泉"第八代传人张祖盈（1895—1978）任张小泉近记掌门，店内日常事务由外聘的高爕堂管理。是年，"张小泉"剪刀在南洋第一次劝业会获银奖。民国4年（1915）2月，"张小泉"剪刀在巴拿马举办的太平洋"万国博览会"上获二等奖。从此，"张小泉"剪刀不仅在国内畅销赣、皖、湘、鄂、川等省，还远销南洋，甚至欧美等地。其时"张小泉"平均每月仅门市销售量就达1万余把，销售金额接近万元（当时货币）。

民国6年（1917），张祖盈在上海发现镀镍理发剪，颇为美观。返杭后他就和几位老师傅积极研究试制，先请炉灶师傅丁阿洪把剪脚由原来的细方形改为粗圆形，并请好友陈庆生专门研究拷磨、弯脚、抛光、镀镍等工艺，经过反复改进，终于试制成功。产品外观更加美观，防腐能力大为提高。一经销售，大受顾客欢迎。此举开中国传统民用剪表面防腐处理之先河，且成效显著，因而获北洋政府农商部 68 号褒奖。张祖盈投资 5000 大洋在大井巷正式修建镀镍工场，雇用师傅一二十人，学徒八九人，剪刀年产量在 10 万把以上。

民国 8 年（1919），张祖盈受浙江医院院长、留日医师韩清泉嘱托，研制医疗用剪刀、钳子和解剖器具。虽为生产条件所限，产品不能和舶来品媲美，更因当时的多数医生受崇洋心理驱使"迷信"洋货，最终没能打开市场局面。但此举毕竟向医用刀剪的国产化迈出了坚实的第一步，也为日后医用刀剪的生产积累了宝贵的实践经验。

民国 15 年（1926），张小泉近记剪刀在美国费城世界博览会获银奖。民国 18 年（1929）10 月，中华民国政府浙江省主席张静江在举办首届西湖博览会时，特邀张小泉剪刀参展。会上，中外客商争相订购，一时成为"西博会"的抢手货，"张小泉"剪刀因而获得首届西湖博览会的最高荣誉——特等奖。在西博会期间，张祖盈在店堂里安装了电话，加大广告宣传力度，除了在报刊杂志和其他刊物上登载张小泉近记广告外，还到处张贴广告，制作霓虹灯，甚至在市内公共汽车以及郊外长途汽车上都挂其美术广告牌。张祖盈还推行剪刀"三包"制度：包退、包换、包修，深受用户欢迎。是年，张小泉剪刀年产量达到 160 万把，创历史最高记录。

1929 年 10 月首届西湖博览会

1960 年 4 月杭州张小泉剪刀厂厂房全景

2004 年，据原张小泉近记剪刀店股东张金宝老人回忆，在首届西博会期间，张祖盈还在旗下（现解百地块）又开设了两个张小泉近记分号店面，又名国货陈列馆，生意十分红火，直到民国 27 年（1938），陈列馆改为日本商人开设的白木公司。

民国 26 年（1937）日军侵占杭州，剪刀店被迫停业，张祖盈去上海避难。抗战胜利后，张祖盈返杭重新经营剪刀店，产品一时供不应求。据民国 36 年（1947）11 月《浙江经济年鉴》刊载，张祖盈在改组后的杭州商业剪刀同业公会中任负责人，该公会下辖 31 个商号，会员人数为 122 人，会所设在华光巷河下 4 号。

至中华人民共和国成立前夕，杭州制剪工业日见凋敝，已无光彩可言。

（三）中华人民共和国成立后的发展情况

中华人民共和国成立后，随着社会日趋安定，特别有赖于人民政府给予张小泉剪刀铺低息贷款、供应原材料、包销产品等帮助，杭州张小泉近记营业生产有所恢复。

1953 年，全国开展工商业改革，把剪刀业小作坊全部统一在一起，成立杭州市制剪工会，并设立以剪刀品种分类的 5 个联营处。这一年被认为是新中国张小泉剪刀厂的诞辰。1954 年 6 月，5 个联营处一起迁至杭州海月桥大资福庙前 137 号集中生产，当时全厂共有职工 423 人。各联营处除财经分立外，其他各项工作统一领导。1955 年 6 月，5 个联营处正式合并成立杭州制剪生产合作社，下设 6 个工场，有职工 527 人。此时，合作社与"张小泉"创始家族已没有太多联系。早在 1949 年，商人许子耕等就以 19 根金条顶租了张家传人张祖盈的全部家产。

1956 年，毛泽东在《加快手工业的社会主义改造》一文中特别指出："提醒你们，手工业中许多好东西，不要搞掉了。王麻子、张小泉的刀剪一万年也不要搞掉。我们民族好的东西，搞掉了的，一定都要来一个恢复，而且要搞得更好一些。"毛泽东把"王麻子"和"张小泉"作为民族手工业的典型。至 1956 年年底，全国 90% 以上的手工业者加入了合作社，基本完成对手工业的社会主义改造。这个指示在张小泉的发展史上具有里程碑的意义，杭州制剪生产合作社改名为"张小泉制剪社"，产品皆用"张小泉"商标。国家拨款 40 万元，加上筹备会自筹的 20 万元，"张小泉"新企业在 1956 年 10 月破土动工，新厂选址在杭州市大关路 33 号。

1957 年是张小泉剪刀手工锻制的最鼎盛时期，企业有 70 余炉灶，上百名钳手。1958 年 8 月 1 日，企业被杭州市人民政府正式授牌命名为"地方国营杭州张小泉剪刀厂"，工厂占地 5 万余平方米，拥有 10 座生产车间以及仓库和食堂等配套设施，企业员工达 816 名。

1963 年，国家主席刘少奇出访印尼、缅甸等五国，随带的"国礼"中就有 25 套 15 号张小泉民用剪刀。同年，杭州张小泉剪刀厂副厂长范昆渊在上海《解放日报》刊登为张小泉剪刀征求商标的广告。经挑选，中华人民共和国成立后的第一个"张小泉"商标图案诞生。1964 年，该商标成功注册。

"文化大革命"期间，张小泉剪刀被斥为"四旧"，惨遭厄运。1966 年 9 月，张小泉剪刀厂改名为"杭州剪刀厂"。这一时期，企业经营状况不断恶化，产品不能出口，生产秩序遭到严重破坏，产量急剧下降。1976 年 1 月，杭州剪刀厂恢复"杭州张小泉剪刀厂"厂名。1978 年，张祖盈病逝。

20 世纪 80 年代末 90 年代初，受国家轻工业部委托，"张小泉"担当起了起草中国刀剪产品行业标准的重任。1997 年，"张小泉"被国家工商总局认定为中国驰名商标。2000 年，张小泉顺利完成企业转制，杭州张小泉集团有限公司宣告成立，向现代企业制度迈出了决定性的一步。2002 年，"张小泉剪刀"获原产地注册保护。2006 年 5 月 20 日，张小泉剪刀锻制技艺经国务院批准列入第一批国家级非物质文化遗产名录。2007 年，上海富春控股集团与杭州张小泉集团有限公司签署协议，富春控股集团斥资 1.2 亿元获得张小泉集团超过 70% 的股权。在"张小泉"新一任掌门人张国标的设想下，"张小泉"将从单一产品的制造商、加工商，转型成为品牌运营商。如今，杭州"张小泉"已拥有 16 个注册商标。2008 年，上海"张小泉"和杭州"张小泉"达成战略合作，实行市场共同拓展，品牌统一运营的管理模式。

二、张小泉剪刀锻制工艺与特点

张小泉剪刀能维持强大的生命力，关键就在于其独到的生产工艺。"张小泉"每一把剪刀都由 12 部分构成，从剪刀的刃尖到握柄，依次为：交点、箭头尖部、外口、侧背、外背、眼位、壶瓶、口线、里口、核桃肉、里口尾部、下脚。其中，刃口包括外口与里口，剪背则包括侧背与外背。从钢材到做成剪刀，需要整整 72 道工序。如果关键工序失之毫厘，就有可能前功尽弃。其生产工艺主要包括三部分：一是锻造，包括嵌钢、出里头和打下脚等；二是冷作，包括锉、磨、拷缝和淬火等；三是装配，包括合脚、宕磨和拷油等。因此，看似平常的剪刀，却包含着许多合理的生产方式、精湛的技艺和生产经验。人们常说："看望火候、趁热打铁""打铁没样、边打边像"，都说明锻制技艺主要体现在手工操作上。

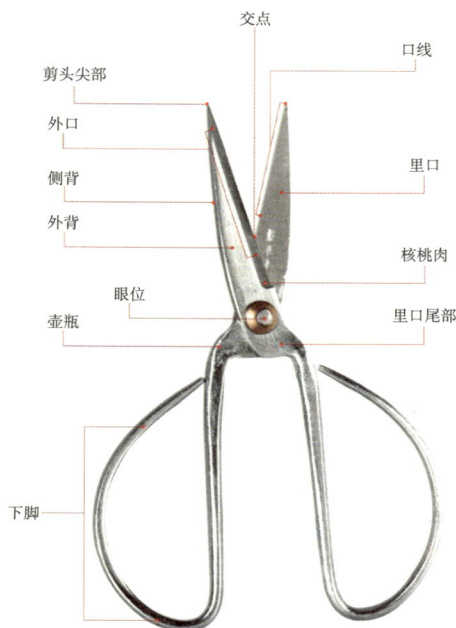

剪刀部位名称图（注：刃口包括外口与里口，剪背包括侧背与外背）

张小泉剪刀锻制技艺主要有以下三个特点：

（一）镶钢锻制

剪刀锻制72道工序里，最讲究的一道工序就是嵌钢。明代文震亨的《长物志》对剪刀有一段描述："有镔铁剪刀，外面起花镀金，内嵌回回字者，制作极巧。""镔铁"指"铁之精者"。这说明，在明代，对剪刀制作的选料已经相当讲究，只是所用的仍为全铁。由于用来锻打的铁均为熟铁，其强度和硬度都较低，作为剪切工具，刃口极易磨损变钝，在使用过程中，必须经常修磨，既影响使用功能的发挥、使用效率的保证，更影响到剪刀本身的使用寿命。张小泉剪刀磨制好后，刀刃和刀身之间，有一道白线，这就叫"钢铁分明"。品牌创始人张小泉一改用铁锻打剪刀的常规，首创"镶钢锻制"技艺。刃口镶钢，使其锋利耐用；剪体用铁，则易弯曲造型，真正使其达到刚柔相济的极妙效果，很好地解决了剪刀制作在材料学意义上的应用课题。如何将好钢料嵌入铁中，将其制作成刀刃，这是一个难题。在这个过程中，要经历拔坯、开槽、打钢、嵌钢等一系列工艺。这一步使张小泉剪刀具有了其他剪刀无法匹敌的锋利与耐用性，成为名副其实的"天下第一剪"。镶钢锻制技艺是我国2000多年剪刀史上的一个重大革新，它使制剪工艺取得了革命性的重大突破，改写了我国制剪的历史。尽管时代变迁，张小泉制剪法仍历久弥新；即便现代制作剪刀工艺已采用更多科技工艺，但"嵌钢入铁使为刃"仍然是其工艺核心。

（二）良钢精作

张小泉立店之初就立下"良钢精作"的店训，从此成为其制剪的一大特色。正是这种技艺和精神，为"张小泉"品牌的形成、巩固和发展，奠定了坚实的基础。"良钢精作"讲究的，一是选料上乘，二是做工精致。为了保证刃口的质量，张小泉挑选了当时浙江最好的龙泉钢作为刃口的材料。清道光十九年（1839）开海禁后，更是不惜成本，选用优质进口钢，这与其他炉坊用杂钢为原料的做法截然不同。张小泉剪刀锻制及做工之精致，不光体现在"镶钢锻制"的技术方面，还体现在刻花等艺术方面。其传承下来的精湛技艺，除了镶钢锻制技艺外，剪刀表面的手工刻花技艺也是"张小泉"剪刀的一绝。民国10年（1921），抛光镀镍剪研制成功后，"张小泉"率先将刻花添加到剪刀的制作工艺中。该工艺以凿子、铁锤和铁墩为工具，由工匠在剪刀表面刻字留画，在刻上花鸟鱼虫、山水田园

"良钢精作"牌匾

张小泉手工家用剪

张小泉手工蝴蝶剪

图案的同时，也会刻上商号名，以便识别生产单位。这在很大程度上丰富了张小泉剪刀的款式，并为产品拓宽了市场。此外，在张小泉制剪法中，最后一道磨剪刀的工序也至关重要。磨剪时先用粗山石对剪刀里外口面进行粗磨，最后还要用细山石进行细磨。早期，张小泉剪刀采用镇江特产质地极细的泥精心磨制，使剪刀光亮照人。磨制的时候，匠人的手被剪刀刃划个口子是常事，故老师傅手上都遍布着新旧大小伤疤。

（三）型号众多

"快似风走润如油，钢铁分明品种稠，裁剪江山成锦绣，杭州何止如并州。"这是我国杰出的剧作家田汉 1966 年走访张小泉剪刀厂时写下的一首赞美诗。传统民用剪刀是张小泉的起家产品，它有"信花""山郎""五虎""圆头""长头"五种款式。张小泉在剪刀设计的最初，就已经考虑到了不同人的需要。他按照手掌的大小将剪刀分为 6 种型号，其中 5 种型号为普通的民用剪，剩下的一种被称为"蟹剪"，常用于剪鱼。从外观上看，这 6 种剪刀除了大小规格不同外，并没有什么其他差别，手工锻制技艺基本流程也是一样，然用途各有不同。后来一些专业艺人，如裁缝、锡匠、花匠等慕名前来定制剪刀，于是，又出现了鞋剪、袋剪、裁衣剪、整枝剪、猪鬃剪等许多新品种。作为我国刀剪行业的领军企业，张小泉剪刀厂现在已发展成为我国剪刀行业中产量最大、品种最全、质量最好、销路最广的一家企业，连续五次在国家刀剪质量评比中荣膺第一。其生产的剪刀，最大的长 1.1 米，重 28.25 千克；最小的旅行剪仅 1 寸长，20 克重，可放入火柴盒内。在一次剪刀评比会上，人们曾把 40 层白布叠在一起，由各种剪刀试剪，唯独张小泉剪刀，张开利"嘴"，"咔嚓"一声，一次剪断，连剪数次，次次成功。检查刃口，锋利如故。香港一家广播电视公司还拍摄有"张小泉" 1 号民用剪一次剪断 70 层白布不缺口，接着又剪单层薄绸不带丝的精彩镜头，足见其质量之高。

三、传承与发展情况

20 世纪初，张小泉剪刀传统手工制作技艺还是一派欣欣向荣的景象，几十家小作坊热火朝天地生产。那时，生产一把剪刀还是在"一台炉灶一把锤子，一只风箱一把钳，一柄锉刀一条凳，一块磨石

张小泉剪刀与杭州城市生活紧密相连

一只盆"的简陋条件下全部靠手工凭体力完成，杭州的制剪业历经风雨依然繁荣。但毕竟这种模式带有浓厚的小农经济色彩，发展缓慢，落后的生产关系大大制约了制剪工业的发展。

据杭州市档案馆相关资料记载，1951 年，杭州剪刀业有炉作 97 户，商号 47 户，年产剪刀 188.4 万把。经过手工业合作化运动和手工业的社会主义改造，杭州剪刀产业由传统分散的小本经营发展为集中统一的规模化生产，为"张小泉"品牌的真正崛起，奠定了基础。

1957 年前后，张小泉剪刀手工锻制迎来了鼎盛时期，当时企业有 70 余炉灶，上百名钳手。但谁也没有料到，技术革新会出现得如此之快。1959 年，弹簧锤开始在剪刀制作中得到应用，这被视为中国剪刀史上的一次历史性革命，延续 3000 多年历史的中国剪刀的手工锻制被机械制造取代。1962 年，张小泉剪刀厂经过反复试验、实践，试制成功了代替手工锻打的第一台跳板锤和第一台弹簧锤，以及用于磨削的第一台砂磨机、用于凿制产品标识的第一台电磁振动式凿花机，开启了机械化生产的第一步。到 20 世纪 80 年代，"张小

2006 年，张小泉剪刀锻制技艺被列入第一批国家级非物质文化遗产代表性项目名录

"泉"剪刀 90% 以上的工序实现了机械化和自动化，小作坊手工锻制时代一去不返。

张小泉公司曾做过调查统计，2006 年能够纯手工从头到尾制成一把完整剪刀的师傅尚有 48 人；2009 年，仅存 42 人；2016 年时，掌握手工锻制技艺的老师傅已所剩无几。现在，也只能在杭州手工艺活态展示馆里，看到从试铁、试钢，到嵌钢、锻打、淬火、磨制、打轴眼、合脚（弯剪刀把环）等一整套张小泉剪刀制作的独特工序。

2006 年，张小泉剪刀锻制技艺被列入第一批国家级非物质文化遗产代表性项目名录后，非遗保护职能部门和张小泉集团公司十分重视该技艺的保护传承。在对项目代表性传承人及尚健在的老师傅访谈的基础上，深入挖掘、全面收集相关资料，整理、编撰出版专著，制作专题影像制品，对技艺进行有效地抢救性保护。同时，启动"非遗"技艺的拜师授艺，招募具有丰富制剪经验且有志于技艺传承者，择优录用，给予较好的待遇，由该项目国家级和市级代表性传承人现场授艺，进行传承活动，初步形成了"非遗"保护与产业、市场相结合的可持续发展模式。

张小泉剪刀锻制技艺现有国家级代表性传承人 3 人，分别是徐祖兴（第一批，已于 2011 年去世）、施金水（第一批）和张忠尧（第五批）；杭州市级代表性传承人 3 人，即丁纪灿、陈伟明和陈标。

第二章 人物小传

施金水，男，1933年3月出生于萧山县（今杭州市萧山区）衙前镇一农村家庭，家中兄妹7人，他排行老二。施金水小学文化程度，1953年加入中国共产主义青年团，1955年5月加入中国共产党。2008年，他被文化部认定为国家级非物质文化遗产张小泉剪刀锻制技艺项目国家级代表性传承人。

施金水14岁时，因家境贫困，为填补家用，到杭州清河坊扇子巷1号郭立金剪刀作坊当学徒，学习制剪刀，其太师公为王小福。在学徒期间，他每天凌晨一两点即起，工作忙到深夜才歇息，一天至少工作16个小时。剪刀作坊分学徒、三肩、死下手、活下手（钳下手）、钳手（工）5个等级，他从学徒做起，磨石头、烧煤……每

施金水、徐祖兴两位非遗传承人在首届非遗传承人授牌仪式上

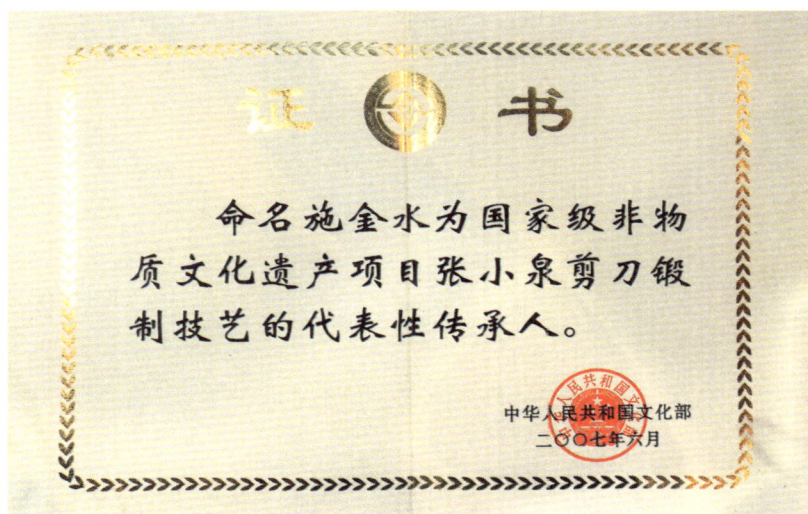

证 书

命名施金水为国家级非物质文化遗产项目张小泉剪刀锻制技艺的代表性传承人。

中华人民共和国文化部
二〇〇七年六月

施金水被列为国家级非物质文化遗产项目张小泉剪刀锻制技艺代表性传承人

施金水和他手工锻制的剪刀

天只有做完这些"生活"才能吃饭、睡觉。尽管如此,他总是"闲不住",平时一有空,就会跑到边上施阿伟师傅的作坊里学钳手。由于刻苦努力,仅一年多时间,施金水便把剪刀锻制的"出头""里头"等技能都基本掌握了,达到了"钳下手"等级的程度。

1949年5月,由于时局混乱,扇子巷剪刀作坊都停了炉灶,于是施金水回到萧山老家务农。1950年,经师傅介绍,他到朱世瑞、王传兴剪刀作坊做工,后又转到六步桥直街秦炳生剪刀作坊,做"钳下手"的活,工资为"五斗米"(以米折现)。1954年,他在杭州制剪生产合作社当工人。1958年,杭州张小泉剪刀厂正式挂牌,施金水成了该厂第一批工人,担任钳工并负责剪刀的质量检测与技术指导。此后,施金水历任车间副主任、主任兼党支部书记,张小泉剪刀厂余杭、诸暨分厂技术员,余杭红丰分厂副厂长,曾被评为杭州市先进生产工作者。1983年,施金水于杭州张小泉剪刀厂提前退休。

施金水制剪技艺高超,熟谙72道锻制工序。作为手工锻制钳手,他最擅长锻打的剪刀是被标为"1–5号民用剪"的款式,包括"圆头1–5号""长头1–5号",花式有"圆头1–5号""长头1–5号"剪刀等。这是杭州人最熟悉、最常用的黑把剪——笋状的剪刀头、壶瓶或者酒坛式的剪刀把。他锻制剪刀重质量、重声誉,对剪刀质量把控非常严格,凡不合格的,坚决不让流出去。其手工剪刀合格率大概在80%。1959年,他锻制的1–5号民用剪被中国革命博物馆收藏。1965年后,他锻制的民用剪连续五次获全国剪刀质量评比第一名。1979年,施金水锻制的民用剪荣获国家优质产品银质奖。在杭州张小泉剪刀厂能完全凭个人技艺完成72道制剪工序,把一块铁做成一把剪刀的师傅中,施金水堪称翘楚。

他退休后,于1983年、1995年先后被杭州张小泉剪刀厂余杭、诸暨等分厂返聘,担任技术员。其间,施金水热心传授张小泉剪刀锻制技艺,培养传承人,共带徒传艺25人。

2009年,位于杭州拱宸桥西的中国刀剪剑博物馆落成。施金水怀着要把手工锻制剪刀技艺一代代传下去的强烈心愿,不顾自己近80岁的高龄,不管刮风下雨、寒来暑往,每周都会出现在刀剪剑博物馆旁的手工艺活态展示馆里,与两个徒弟一起烧铁制剪,为人们展示张小泉剪刀最原汁原味的72道工序。

"我就是一个退休工人,但永远是张小泉打剪刀的人。"施金水总是这么诠释自己。

第三章　口述访谈

采访者：今天是 2018 年 1 月 27 日，我们对施金水先生进行第一次口述访谈。访谈地点为杭州百瑞运河大饭店。我是采访者刘瑜。

一、艰辛学徒路　往事话峥嵘

"男伢儿学好技术才有饭吃。"——施金水母亲

采访者：施老师，请您先说说您小时候住在哪儿？

施金水：我的老家在萧山衙前镇。兄弟子侄很多，现在他们都还住在那边。1947 年正月的时候，家里人送我来杭州，拜郭立金师傅为师学习打剪刀。当时交通很不方便，需要坐船过钱塘江才能到杭州。

采访者：您当时到杭州做剪刀是因为什么原因呢？

施金水："打铁摇船磨豆腐"，旧时杭州，这是最苦的三个行当。我小时候，家里穷，因为人口多，兄弟 5 人，还有 2 个妹妹。为了能吃上饭，只能找些生计。为了减轻家里压力，父母就把我送出去学点手艺。这样一来，至少家里少了一个吃饭的人。

当时的剪刀作坊都是小本经营，不随便收徒弟的。我家邻居郭立新在杭州做剪刀钳手，而他的堂阿哥，正是郭立金师傅。我父亲就托了关系，我才去了郭立金剪刀铺做工。

采访者：当初的学徒生活您还记得吗？

施金水：我回想，觉得做剪刀、打剪刀真比其他任何工作都要

苦。做学徒的时候，早上一两点钟就要爬起来，晚上都要做到八九点钟才能歇息。都是重劳力的活，营养又跟不上，所以人经常累得虚脱。此外，工伤也是常有的事情，皮肤经常要被炉火烫伤。师傅养家糊口的压力也很大，所以我们活做得不好的话要挨打的。我母亲有一句话："男伢儿学好技术才有饭吃。"我始终牢记着，那段艰苦的生活是通过硬撑熬过来的。当时有一句行话，"剪刀师傅三年徒弟，四年半作"。剪刀师傅分五档，从高到低依次为钳手、活下手、死下手、三肩和学徒。到1949年，我技能上有点上手了，能够做"出头"（指初步成型的剪刀）和"钳下手"的工作了。

采访者：施老师，您对师傅还有印象吗？

施金水：郭立金师傅的铺子在今天上城区的清河坊扇子巷1号。后来他加入合作社，他和我都分配到四车间。因为年纪大了，没多长时间他就退下来了。他的师傅王小福在剪刀行业中也是小有名气的。

采访者：您拜师的时候有拜师傅的仪式吗？能否说说当时的行业行规和生产销售情形？

施金水：有的，拜师、学规矩、做活有一整套程序。当时，有个人叫俞金富，比我大七八岁。1947年，他在彩霞岭开了以他自己名字命名的剪刀作坊。当时开作坊也有行规，新开炉灶要给"行头"200个平小（2号）剪刀坯子，一方面表示你能打好剪坯子，另一方面也是给"行头"的见面礼。20世纪四五十年代，那一带制剪业的"行头"是杜润水，经他认可，可以给发票簿，属正规经营，年终按营业额交所得税。俞金富的炉灶主要生产剪坯，售卖剪坯给张小泉近记等商号，由商号再交工匠精磨，装配，然后成品出售。

采访者：那之后，这个师傅有没有给您留下什么东西，像送给您一把剪子或者留给您一张照片什么的，在您家里有没有师傅留下来的东西？

施金水：师傅送了我一把榔头。因为是经常要使用，时间长了，榔头不知道丢到哪里去了。

采访者：您还记得当初师傅教您打剪刀的情景吗？

"一台炉灶一把锤子，一只风箱一把钳，一柄锉刀一条凳，一块磨石一只盆"的简陋条件

施金水：师傅是吃苦过来的，他的本事很厉害，教得也很努力，教起来也不藏私。我们按照他的样子做，不断地摸索，他在一边纠正我们的错误。我们几个学徒、师兄弟都是这样经历过来的。只要认认真真学习，他不会来委屈（指"打"）我们的。

采访者：施老师，我想问问就在您作学徒的时候，就是中华人民共和国成立以前的时候，打剪刀这个行当里有女的吗？

施金水：那时候打剪刀都是男人干的活，历史上也没有女人做剪刀的。

采访者：施老师，像人家木匠，会拜那个鲁班为祖师爷，咱们这个打剪刀、打铁的有没有祖师爷？就是过去在作坊里要拜一拜的。

施金水：没有的，当时作坊条件很简陋，只晓得张小泉是我们祖师爷，经常听起他的传说，集体祭拜倒是没有的。

二、艺成掌炉灶　故人成相思

一台炉灶一把锤子，一只风箱一把钳，一柄锉刀一条凳，一块磨石一只盆。——传统制剪场景

20世纪50年代，张小泉剪刀厂生产场景

采访者：施老师，请您谈谈学徒之后的经历。

施金水：1953年，我进入"张小泉"合作社。1957年，（张小泉）剪刀厂成立后，我成为厂里的第一批工人。厂里的很多科室我都待过，做过技术、质检、车间主任等。

采访者：施老师，请您把这个经历谈得再具体一点。

施金水：好的。我在郭立金剪刀铺做学徒做到了1949年5月。那个时候，由于时局混乱，扇子巷剪刀作坊都停了炉灶，我暂时回到老家去了。1950年，经师傅介绍，回到杭州朱世瑞、王传兴剪刀作坊当了半年钳手。后来，我到六步桥直街秦炳生剪刀作坊当伙计，当时让我掌炉灶（指"钢铁拿进，打成毛剪刀"），安排其他4个人一起打剪刀。1953年，上面要求我们剪刀行业成立合作社（正式名称应为"联营处"）。当时共有5个合作社，都是用力气生活的（指手工打制剪刀，当时还没有实现机械化）。5个合作社都分若干车间，每个车间侧重生产某一型号的剪刀。一个合作社一般有20多个炉灶，一个炉灶有五六个人。当时我在四车间，岗位是钳手，负责一个炉灶的生产。

1954年春节后，上面领导要我们5个合作社并拢成一个工厂，一起迁至杭州海月桥大资福庙前137号集中生产。海月桥那地方，当时是停放死人棺材的。我们炉灶一个一个搭起来做生活。那时候，工作环境差，和老百姓时有冲突，会影响生产。因此，上面领导指示我们再造一个新厂房，要把炉灶都集中起来。我们便与拱墅的三宝村联系上了。这个地方当时都是坟头、茭白塘、蒔菇塘。当地同意提供土地给我们建设工厂，厂房就这样建起来了。

1957年，海月桥剪刀厂全部搬到拱墅区三宝村——就在大关路33号，杭州张小泉剪刀厂原址。1959年的时候，要大办钢铁，我们剪刀厂受到影响，许多人分流到钢铁厂炼钢去了。1960年的时候又

1959 年前后，张小泉剪刀厂生产场景

要做剪刀了，全厂职工增加到两千多人，以生产民用剪为主，后来也做旅行剪。

到了 20 世纪 80 年代初，剪刀厂里党委书记，姓丘的，他叫我去当旅行剪车间主任、书记。我这个人小的时候苦，文化程度低，会写写弄弄、讲讲话，那都是后来读夜校读出来的。此时，张小泉剪刀 90% 以上的生产工序都实现了机械化和自动化，过去的小作坊时代一去不返了。

1983 年的时候，我自己家里面有一点困难，小儿子小的时候生过脑膜炎，那时不幸又有点脑震荡，因为是残疾人，可以按政策顶职进厂。所以 1983 年，我提前退休了，就是为了能让小儿子顶我的班。当时余杭、诸暨、义乌等地方都有张小泉剪刀分厂，退休后厂里面便把我安排到分厂去指导，担任分厂副厂长。

采访者：说说您小的时候当学徒，那个时候剪刀都是什么样子的？有几个品种？后来到 50 年代到了合作社之后，又有什么新的变化？

施金水：旧时炉灶能制作传统的五种剪刀，西式剪刀只能少量做一点。到合作社的时期，都是根据计划生产的。一个车间主做一个品种，我们四车间做 4 号剪、3 号剪为主。

采访者：施老师，我在文献中看到，张小泉剪刀厂刚成立的时候，是不是开展了技能评级？

施金水：是的。1957 年的时候，厂里开展技能评级，当时 500

余杭分厂成立大会

萧山分厂成立大会

多个人，其中钳手有 100 多人，而评上七级工的只有 7 个人，我是其中之一。评七级工有几个要求，一是要手脚快，二是做的式样要好，三是会做的品种多。除了五种传统剪刀，还要会做纱剪，如棉纱剪、麻纱剪等品类，窄头、宽头、圆头等款式都要会做。

采访者：施老师，现在您是张小泉剪刀锻制技艺国家级代表性传承人，厂里和您同一辈的，年龄跟您差不多的老艺人还有谁？

施金水：不多了。1957 年评上七级工的人中，只有马小毛、余新富、韩长高还在。后面评上来的几个，郭柏林、李关芝等还在，郭柏林今年已经 88 岁了。

采访者：这些人，这 7 个人中谁的手艺更好？

施金水：这 7 个人，当时定为七级工，肯定都代表了最高水平。七级工要求做出来的剪刀式样要好、钢铁分明，不合格品要少，速度还要快，形状符合要求，剪坯光洁。手艺上大家都差不多的，韩长高可能比较突出一点，他擅长打大剪刀，比如说蟹剪。马小毛也挺不错的。

三、手艺无不苦　疤痕皆心得

吃苦在前是张小泉剪刀厂的优良传统，一代代传下来的。——施金水

采访者：施老师，您觉得打剪刀这么多年，最大的体会是什么?

施金水：吃苦在前是张小泉剪刀厂的优良传统，一代代传下来的。我们也很珍惜这份工作，旧社会苦啊，好不容易翻身了。我1953年的时候入团，1955年5月入党，介绍人一个是副厂长，一个是车间书记。平时辛苦工作，周末尽义务，帮有困难的群众做点事情，或搞卫生、种树绿化等。当时大家做剪刀都是铆足了劲在做，全凭手工做出来的。一年到头没休息，真的很累，现在肯定吃不消做了。

采访者：做学徒的时候，师傅有打过您吗?

施金水：打过的。他徒弟还有好几个，现在还在的郭柏林、李关芝都是我的师弟，我是大师兄。有一次挨打我记得特别清楚。当时，我是"出头"钳下手。我们隔壁有一个炉灶老板，姓施的，施阿伟，他年纪大了，要我去帮忙弄弄"出头"的时候，红铁头掉在我的脚上，把我的脚烫伤了，起了一个大泡，脚指头都烂掉了。我两个师弟一起对我说："大师兄，你休息一下。"我便去休息了一会儿。师傅午睡醒来，听到炉灶没有响声了，起来就问我为什么不做生活，用榔头柄使劲地打我。我泣不成声地对师傅讲："师傅，我是真当没有办法，站不起来。你去问问两个师弟看。"两个师弟也帮我说话，说大师兄这只脚站不稳了。师傅便不再说话了。

采访者：施老师，如果原材料不一样的话，做出来的剪刀是不是也不一样? 选钢、选铁，您选的这个材料不一样的话，会直接影响到这个剪刀的质量，对吗?

施金水：那肯定有影响的。中华人民共和国成立前，个体老板因为活少，每次采购的数量极其有限，加上市场上的材料规格也不统一，每次生产的剪刀质量差异挺大的。进入合作社以后，钢是45号中碳钢，铁是鞍山钢铁，都有明文要求的，检查合格后买进。

采访者：我想问问，做剪子在夏天做和冬天做有什么不一样，跟季节有没有关系?

施金水：有一定影响。最难熬的不是夏天，是冬天。因为冬天不出活，铁冷得很快，夏天虽然热一些，人在火炉边需要不停地喝水，但是出活快。

采访者：**施老师，做成一把剪刀，从头到尾大概要多少时间？**

施金水：锻制剪刀，是一个炉灶 5 个人做，不是像在博物馆里一个人或两个人这样展示展示。钳手、活下手、死下手、三肩、学徒 5 个人分工合作，都有规定的。钳手师傅做的是最多的，吃头、里头、拷剪刀、淬火、相配等都是他负责。5 个人制作 128 把中号剪刀坯，大概要 10—12 个小时。

采访者：**当时做剪刀，您觉得最难的工序是哪个？**

施金水：20 世纪 50 年代，厂里当时选拔钳手现场考试的内容有出头理头、敲缝道及剪刀外观式样。我们做一把剪刀，最难的就是这么几个工序。

一是出头理头。我们做剪刀的头样都是有规定的，尾部方正，头要尖，按照笋头式的样子，圆壶瓶要拎到酒弧式、酒团式。"出头"这道工序至关重要。一把剪刀的好坏，在此定型。评断它的唯一标准就是要保证钢料处于剪刀刀刃的部位，如果功夫不到家，很容易出现纯钢头、缩钢头、夹灰，或者脱根钢、骑马口铁等瑕疵。

二是敲缝道。缝道敲得不好，影响后面工艺。把剪刀拿起来一看，缝道像鹅毛缝（背部低，口线高，头部微微翘起）才是好的。平着也不好，竖起来也不好。

三是淬火。淬火淬不好，刃口钢硬度就达不到 50 度，剪起来刀口会很快磨损。"杨梅红"（钢烧成杨梅红色）瞬间淬火，太红、太黑，钢都要软的。

钳手师傅这几种技艺一定要掌握好。

采访者：**光说这个"杨梅红"，怎么才能学到这个技术，就光看还是说要摸一下，还是要去感觉，怎么就能学好这"杨梅红"？**

施金水：这个主要通过眼睛观察，靠的是钳手师傅的经验和能力。

四、弦歌不绝耳　称雄三百年

历代张小泉人在生产、生活实践中倾注了无数的智慧和心血。——施金水采访者：**施老师，对您个人的经历我们有了大致的了解，现在请您再介绍下张小泉剪刀的历史。**

施金水：张小泉剪刀是杭州富有地方特色的传统手工艺制品，流传至今已经历了三百多年的风吹雨打。在典籍史志、街巷传闻中，"张小泉"长期被世人奉为佳话。张小泉本人，更被业内尊为三十六行之制剪业的祖师。张小泉剪刀锻制技艺具有独特的历史文化价值，历代张小泉人在生产、生活实践中倾注了无数的智慧和心血。

采访者：**那请您先介绍下张小泉剪刀最开始是怎么在杭州产生的？**

施金水：在明朝末期的时候，徽州有一个叫张思佳的人，带着全家来到杭州，在吴山北面的大井巷搭棚设灶，开了个"张大隆"剪刀店铺。后来，他的儿子张小泉接管了店务。张小泉这个人很钻研的，他在祖传打剪刀技术的基础上，对工艺进行不断改进，特别是他创造了"嵌钢制剪"这道工艺。他打出来的剪刀，镶钢均匀，磨工精细，刀口锋利，所以名声越来越大，冒他牌子的人也越来越多。这样，张小泉就把"张大隆"的牌子改成"张小泉"。张小泉剪刀也就开始出名了。据说，"张小泉"剪刀还受到过乾隆皇帝的赞赏。

采访者：**施老师，清末民国期间，张小泉剪刀的历史也很辉煌的吧？**

杭州吴山东北麓，南宋御街旁的"钱塘第一井"——古大井，巷子因井而名

施金水：到了清代宣统时，张小泉第八代传人张祖盈当了张小泉近记剪刀店的掌门人，他聘用了一个叫高燮堂的管理店内的日常事务。这个时期，张小泉剪刀在南洋第一次劝业会上获了银奖，后来还在巴拿马举办的太平洋"万国博览会"上获二等奖。这样一来，"张小泉"剪刀在南洋一带的生意年年增加，而且还远销欧美一带，在国内更是畅销江西、安徽、湖南、湖北、四川等省。到了民国的时候，张祖盈在上海发现镀镍理发剪，觉得非常好看。他回到杭州后，就和几位老师傅积极研究试制，先请炉灶师傅丁阿洪把剪脚由原来的细方形，改为粗圆形，并请好友陈庆生专门研究敲磨、弯脚、抛光、镀镍等工艺，经过反复改进，终于试制成功。经过镀镍的剪刀，外观更加美观，防腐能力大大提高，很受顾客欢迎。这个可以说是中国第一个做了表面防腐处理的传统民用剪刀，因其成效显著，还获得了北洋政府农商部褒奖。特别值得一提的是，在 20 世纪 20 年代末举办的首届西湖博览会上，中外客商争相订购这种剪刀，成了"西博会"的抢手货。"张小泉"剪刀因而获得了西湖博览会的最高荣誉——特等奖。

采访者：那中华人民共和国成立前后，张小泉剪刀生产的情况怎么样？

施金水：中华人民共和国成立前夕，杭州剪刀行业面临萧条的境地。1949 年，张祖盈因亏损宣告停产，把"张小泉近记"全部店铺与牌号盘给了许子耕。中华人民共和国成立后，杭州的社会开始逐步安定了，"张小泉近记"剪刀营业生产有所好转，特别是人民政府给予张小泉剪刀铺低息贷款、供应原材料、包销产品等帮助，"张小泉近记"慢慢恢复了生产。到 1953 年的时候，政府成立了杭州市制剪工会，工会组织了以剪刀品种分类的 5 个联营处。1955 年 6 月，5 个联营处正式合并成立杭州制剪生产合作社。

1956 年，张小泉剪刀迎来了一个好的发展机遇。这一年，毛主席发表了题为《加快手工业的社会主义改造》的文章。毛主席在这篇文章里特别提到："提醒你们，手工业中许多好东西，不要搞掉了。王麻子、张小泉的刀剪一万年也不要搞掉。我们民族好的东西，搞掉了的，一定都要来一个恢复，而且要搞得更好一些。"毛主席把"王麻子"和"张小泉"作为民族手工业的典型。就在这一年，国家拨款 40 万元，加上筹备会自筹的 20 万元，新企业在 1956 年 10 月破土动工，新厂选址在杭州市大关路33号。

　　1958年8月1日，企业被杭州市人民政府正式授牌命名为"地方国营杭州张小泉剪刀厂"。新建的厂房占地5万多平方米，有10个生产车间，还有仓库、食堂等一些配套设施。那个时候，厂里的员工已有816人，在当时的国内同行业中处于绝对领先的地位。1963年，刘少奇主席出访印尼、缅甸等国家，随代表团带去的"国礼"中就有我们厂生产的25套15号民用剪刀。1964年8月，杭州"张小泉"成功注册了"张小泉牌"商标。

　　后来"文化大革命"的时候，张小泉剪刀被认为是"四旧"的东西，产品不能出口，厂里的生产秩序也受到了严重破坏，产量也很快下降了。"文化大革命"结束后，生产逐渐恢复，国家轻工业部要搞一个剪刀行业的标准，就委托我们"张小泉"负责这个行业标准的起草工作。2000年，张小泉剪刀厂转制，成立杭州张小泉集团有限公司。2006年5月20日，张小泉剪刀锻制技艺经国务院批准列入第一批国家级非物质文化遗产名录。

采访者：施老师，杭州"张小泉"和上海"张小泉"是不是曾经打过官司？

　　（【杭州】杭州市档案馆及《浙江文史资料选辑》记载：1628年张小泉带着儿子近高来到杭州，开设"张大隆"剪刀店。1663年，改名为"张小泉"刀剪店。小泉去世后，儿子近高继承父业。1909年，张祖盈承业。1949年，张祖盈因亏损宣告停产，并将"张小泉近记"全部店铺与牌号盘给了许子耕。1953年，人民政府将杭州数十家剪刀作坊并成五个"张小泉"制剪合作社，1958年合并为杭州张小泉剪刀厂。1964年8月，杭州"张小泉"获得"张小泉牌"注册商标。

　　【上海】上海档案馆资料记载：1950年，上海数十家上海张小泉剪刀商店签订同牌同记联名具结书。内容主要是："张小泉牌号沿用已久，难以更改，共同使用，加记号以为识别，永无争议。"1956年公私合营，"张小泉协记""张小泉鸿记"等合并成上海"张小泉"。1956年，上海"张小泉"开始使用张小泉企业名称（即字号），1987年获得"泉字牌"商标，1993年10月被国内贸易部授予"中华老字号"。20世纪90年代中后期，杭州和上海两个"张小泉"因为品牌问题展开了长时期的诉讼。）

国务院颁发的嘉奖令

施金水：张小泉的原产地是杭州。上海的是叫"上海张小泉"剪刀，杭州和上海是独立的两家公司，属于竞争关系。改革开放以后，精明的上海人提前注册了"张小泉"公司和"张小泉"商标。后来，杭州的"张小泉"为此与上海的"张小泉"打官司。最后，杭州的"张小泉"赢了官司，"张小泉"商标归杭州"张小泉"公司所有，而上海"张小泉"公司只能重新注册了一个商标，叫"泉字牌"。后来，中华老字号品牌越来越被大家重视了，品牌的价值也逐渐提升。其实，两个"张小泉"谈不上哪个真哪个假，都是中华老字号企业，品牌和质量都是值得信赖的。不过，随着义乌财团"美丽华"并购上海"张小泉"，富春集团控股杭州"张小泉"，这两家企业都是我们浙江的民营企业，这样更加有利于解决沪杭两家"张小泉"多年的恩怨。2008年，上海"张小泉"和杭州"张小泉"达成了战略合作协议，两个"张小泉"共同来开拓市场，实行统一管理运营品牌，对剪刀行业发展更加有利了。

采访者：施老师，张小泉剪刀的历史确实非常辉煌。通过这几天接触，我知道钳手的技术是决定产品质量的关键。您能介绍下张小泉几百年来对钳手的培养情况吗？

施金水：传统镶钢锻制剪刀全是手工做的，钳手的技术水平是决定产品质量的关键。因此，"张小泉"历来十分重视对钳手的技术培养。从张思佳、张小泉父子开始，张家制剪一直是父师子徒，子承父业，亦铺亦灶，自制自销，所以历代店主都是亲自参加制剪，世代相传，练就一身制剪硬功。后来，随着市场需求大增，剪刀店因扩大生产需招募工人。"张小泉"对收徒以及学徒艺成升为钳手的要求非常严格，不允许技艺标准有所降低。由于有些关键工序是全凭钳手的经验来掌握的，所以长期以来，"张小泉"招用徒工，非常认真，一要悟性高，二要能吃苦，三要勤奋好学。即便如此，出师后能成为理想钳手的，也为数不多。

五、小泉门下徒　匠人有精神

快似风走润如油，钢铁分明品种稠，裁剪江山成锦绣，杭州何止如并州。——剧作家田汉

采访者：施老师，张小泉剪刀源自浙江杭州，是"杭剪"的代表之一。它与"杭扇"（代表为王星记扇子）、"杭线"（代表为都锦生织锦）、"杭粉"（代表为孔凤春化妆品）和"杭烟"（代表为宓大昌）是杭州手工业史上著名的"五杭"，是中华老字号当代发展的缩影。"五杭"经历数百年传承，其中"杭烟"已退出市场。而英国费顿出版社出版的《经典设计》一书，收录世界范围内999款经典产品，其中与美国哈德森火车、英国飞机和瑞士劳力士手表等齐名的是张小泉剪刀。因其诞生年代最早，设计经典，在此书中排名第一位。在交谈中，我能感受到您作为小泉门人发自内心的自豪。您能说说张小泉剪刀取得的成就吗？

施金水：作为老底子的"名牌"，张小泉剪刀确有其过人之处。古代的剪刀，都用铁打。但张小泉发明了"嵌钢"技术，将钢条镶嵌到铁块中，再在高温下融合，钢做刀刃，铁做刀身。钢比较硬，所以做出来的刀刃非常锋利。张小泉剪刀的刀刃比

1919 年，美国社会学家西德尼·甘博到杭州时，正好碰上鼓楼的张小泉近记店铺开张，留下了这张珍贵的照片。在这张照片上，穿着粗布尼、戴眼镜的老工人站在木制的柜台后，他身后，大大小小的剪刀排满了一人多高的展台。这张照片现存于美国杜克大学图书馆。

较白的部分，就是嵌进去的钢。这就是张小泉最核心的技术和魅力。

采访者：施老师，张小泉剪刀很注重抓质量的吧？

施金水：是的呀。过去的时候，我们作坊做的剪刀卖给商店销售，质量好差商店一看都有数的，差的不会被收购。但话说回来，纯手工打造剪刀，凭借的都是经验，即使技艺最高超的师傅，100把剪刀也会有四五把是不能用的。当时作坊里有明确规定：每100把手工打制的剪刀，只允许有3把半是次品。合作社以后，主要靠检验把关。剪刀式样、头的长短、做的快慢等由技术科负责。质管科专职管质量、控制病疵，100把剪刀里面病疵超过标准要处罚的。

采访者：张小泉剪刀名声很大，全国人民都知道，能否介绍下传统的手工剪刀到底好在哪儿呢？

施金水：传统的剪刀磨好后，刀刃和刀身之间有一道白线，这就叫"钢铁分明"，这是"张小泉"所特有的。磨好的剪刀，顺手拿起百层厚的布料试剪，手起布落，十分锋利。我们杭州张小泉的剪刀在全国的剪刀评比中，排名都是靠前的，品质更加好一点。1964年的全国评比，就是我们拿到第一名。上海、哈尔滨、长沙，还有湖州几个地方产的剪刀剪不下，我们的剪刀锋利度比较好的，剪得快，剪得断。评比时把24层龙头细布叠起来，一刀下去，剪得断、剪得快就是好的。其他地方的剪刀剪不了这么厚的布。北京的剪刀小，外口开得不好，剪布两样的，不是很锋利。有的地方的剪刀外口太厚了，剪起来好像挡牢的，剪不下。

采访者：施老师，张小泉剪刀的过人之处能否再举例说说呢？

施金水：1966年，我国剧作家田汉走访张小泉剪刀厂时，写下了一首称赞我们张小泉剪刀的诗："快似风走润如油，钢铁分明品种稠，裁剪江山成锦绣，杭州何止如并州。"以前张小泉做剪刀时，选的钢一定要是来自浙江龙泉、云和的好钢，并用镇江特产的质地极细的泥精心磨制，使剪刀光亮照人。

有一回，电视台要试验一下我们刚打好的剪刀到底有多锋利，就拿剪刀剪铁丝，直径1毫米的铁丝一下剪了16根，剪完铁丝再剪100层的白布，剪刀口子都开到90度了，照样轻松剪断。剪了这两样东西之后，再去剪又轻又薄的丝绸，一刀下去，没有一条挂丝，而刃口仍然齐整锋利，毫无缺口和卷刃。你想想，张小泉剪刀的质量有多少好。

我想，这大概就是拥有 300 多年历史的张小泉剪刀的魅力所在。其实，最后剪丝绸才是最难的，前面这样高强度的操作，刀刃很容易出现缺口，再剪丝绸就容易出纰漏，这次挑战说实话，连我们也捏着一把汗。

采访者："钢铁分明品种稠"是"张小泉"的特点。这个方面的情况请您再说下。

施金水："钢铁分明品种稠"，"品种稠"就是大大小小的剪刀都会做，大的有人那么大，小的火柴盒里面装得下。我们小丁（丁纪灿）也有几把做得挺小的。"钢铁分明"，说的是张小泉的剪刀制作工艺与以往使用熟铁锻打剪刀不同，张小泉制剪法将钢与铁同时作为锻制剪刀的原料。因为同铁相比，钢有着更加坚硬的质地，是制作剪刀刃口的最佳选择，但钢很脆，不宜拿来锻造。而铁相对柔韧，用于锻造剪体更合适也更便宜。在细山石上细磨剪刀外口，将剪刀热处理形成的黑疤磨干净。保持剪刀刃口线挺括一致，刀刃和刀身之间，有一道白线，就叫"钢铁分明"，这是张小泉剪刀特有的"身份证"。

采访者：我听说您在 50 年代的时候，你们厂子里头做了几种创新，剪子的创新，比如说有左手剪。当时，竺可桢不是在浙江大学当校长吗，他是左撇子，但是他没有合适的剪子用，所以你们帮他做了一把左手用的剪子。

施金水：是的。1969 年的时候，我们厂接到了军用剪的生产任务，可以说，当时张小泉有三把剪刀，别的厂子都做不了。第一把是军用剪。当时珍宝岛之战，零下 30 摄氏度气温，伤员的衣服被冻住，剪不开影响抢救。张小泉剪刀厂受解放军总后勤部委托研制了军用剪，为战场上救治伤员赢得了宝贵的时间。第二把是花齿剪，裁缝店、丝绸厂和服装厂都争着买。用它剪裁布料，能留下花纹，既美观，又不拉丝脱线。这种剪刀以前要从德国进口，用美金购买，我国当时没有美金，就得用黄金去换。但张小泉剪刀厂最终研制成功了。第三把剪刀，就是左手剪。据说当时担任浙江大学校长的竺可桢常用左手工作，用剪刀就很不方便。于是，张小泉剪刀厂成功

白鋼鑿子
刻商標　圖案

拷油鏟距
整修用

拷油墩頭
整修用

生产工具

研制了左手剪。当竺校长拿到这把专为"左撇子"设计制作的剪刀时，称赞张小泉的剪刀师傅"真是高明"。

采访者：施老师，请问一把剪刀的好差是怎么挑的呢？

施金水：做得好不好，使用的人自然知道。我们剪刀师傅打剪刀有很多小动作，做出的剪刀最终要剪得下来厚布，而且不挂丝。剪得下就好，剪不下就不行。合作社时有50多个炉灶，有的炉灶做出的剪刀店里很欢迎的，产品还没做出来，就来跟你预定了，有的呢，做好摆在那里也没有人要。

六、工序七十二　道道有讲究

传统"张小泉剪刀锻制技艺"，经过数百年的发展、成熟、完善，最终形成72道工序，使制剪工艺趋于理想。虽然其中电镀、凿花等工序是后来发展起来的，但其主体是在张小泉手上完成的。——浙江摄影出版社《张小泉剪刀锻制技艺》（2009年版）

采访者：施老师，锻制剪刀会有好多不同的工具，如锤子啊，刀啊，请您给我们具体介绍一下锻制剪子需要哪些工具？

施金水：传统手工打剪刀需要很多的工具，具体来说，有锻打墩头（包括墩脚）、冷作墩头、炉灶（包括灶缸、炉面石、烟囱、炉栅）、两个砖头（前后两块搁板石）、手锤、拔锤、出头钳、壶瓶钳、金钳、下脚金钳、开槽凿子、锉凳（冲剪刀用）、锉剪凳、冲剪刀的锉刀、锉剪刀的锉刀、磨刀石（一硬一软两块）、泥石（一硬一软两块）、磨盆、磨剪刀架、夹钳（钳石头）、煤缸、风箱、灰扒、炉钎、铁锅、冲眼凿子、漏盘、刻头刻下脚凿子，等等。炉缸高60公分左右，炉栅要7到8根。

采访者：听说传统手工锻制剪刀有72道工序，请您具体介绍一下这些工序的情况。

施金水：好的。传统"张小泉剪刀锻制技艺"，经过几百年制剪刀工人的摸索、发展和完善，经过总结，说有72道工序。打剪刀主要的工艺是试钢、试铁、拔坯、开槽敲断、打钢、嵌钢、出头、搁弯、蹬里口尾部等这几道。72道工序当中，电镀、凿花等工序是

工序 1 试钢

工序 2 试铁

工序 3 拔坯

工序 4 开槽敲断

后来发展起来的，但是总的还是在张小泉手上完成的。下面我具体讲一讲这几道主要的工序。

第一道工序叫"试钢"。钢材是从铁行里买来的条钢。试钢方法有 3 种：一种是用小铁榔头敲击钢条，听声音，发闷的钢性太软，声音清脆的才是好钢；第二种方法是用手扳一下，看有没有弹性，有弹性的是好钢；第三种方法是把钢条放在火里烧红，放在水里淬一下，用榔头敲下一颗瓜子大小的一片，再看断口粒子的粗细：粒子太粗、太硬的不是好钢，粒子细一点、颜色有点灰白的是好钢。试钢需要用炉灶、铁墩头、榔头、木盘、水等。

第二道工序是"试铁"。到铁行里买铁的时候，拿凿子凿一下铁条，留一小半用榔头在墩头上敲，能够敲弯的就能用，如果是敲断飞出去了，说明铁太硬，不适合锻制剪刀。再看铁条的断面是不是碎铁（断面有裂纹的是碎铁），用碎铁打下脚会裂开。断面呈皮蛋青色是最好的，说明铁里没有杂质。铁越软，打好剪刀后钢和铁越分明。试铁主要用凿子、榔头、墩头等工具。

钢、铁这两样材料试好以后，就开始打剪刀了，先打坯子，第三道工序就叫"拔坯"。拔坯就是打剪刀的坯样。先把铁条按照要打剪刀坯子的长度，如一号剪 12 公分，就在长条铁的一头取 12 公分，再放进炉子里烧到红透，拿出来放在墩头上，在 12 公分处用凿子凿，留一点相连，用榔头将铁勾过来，两段铁并在一起，这拔坯就做好了。这道工序要注意坯料的长度，既不能太长，也不要太短，凿断所留的连接部位不能太多也不能太少。这就是全靠师傅的经验了。

第四道工序是"开槽敲断"。这道工序就是把拔坯敲弯的料，先用榔头敲一下，使它成扁平形状，再用钢凿在一头剖开一条槽子，以所打剪刀的规格大小来确定这条槽的长度、宽度和深度。这条槽剖好后，再翻转过来，在相粘连的另一段的头部同样剖一条槽，然后把铁条粘连的地方凿断，这样，一把剪刀的剪体铁坯材料就完成了。

这道工序重点要注意开槽时坯料加温的程度。坯料红，温度高，凿时用力小一点；坯料黑，温度低，凿的时候用力大一点。

采访者：施老师，上面 4 道工序做好以后，接下来的工序是什么?

施金水： 接下来就是"打钢"，也就是打剪刀刃口钢下料。这就是第五道工序了。先将钢料加热（炉温一般控制在 800 摄氏度左右），然后锻打成长条扁形（长阔厚度视剪刀规格而定），再用凿子凿成各种剪刀规格所需宽度的钢料（尚未完全凿断），冷却后敲断成块料。

工序 5 打钢

第六道工序就是"嵌钢"。在坯料冷却的情况之下，把刃口钢料镶嵌在剪体铁坯的槽中。这个时候，要严格控制钢料顶端与槽口的距离，不能露出过长，也不能缩进太多，否则打剪刀时会出现纯钢头或缩钢头。

工序 6 嵌钢

第七道工序叫"出头"。剪刀的头部是要铁裹着钢的，剪刀的刃口有一部分钢露出来，这个就是"出头"。做"出头"的时候，先将嵌钢后的坯料经炉灶加热，使刃口钢发火（接近于钢的熔解温度），出炉后在铁墩上敲一下，将煤屑敲掉；然后将竖着的钢块轻敲一下，再快速锤击，使钢铁粘合，保证钢料处于剪刀刃口部位。

采访者：施老师，这道工序在张小泉剪刀锻制技艺里应该是很重要的吧?

施金水： 这道工序至关重要，一把剪刀好

工序 7 出头

工序 8 搁弯

工序 9 蹬里口尾部

工序 10 圆弧瓶

工序 11 装壶瓶

坏的关键就在这里定型了。所以要严格控制钢的尺寸，太宽了，打制剪刀时头部容易出现纯钢头、满扳钢（整个剪头部全是钢）；太狭了，剪刀头部分会出现缩钢头、狭钢（剪刀刃口需要有 2 毫米宽的钢，少于此就是狭钢），此外还容易出现夹灰（杂质如煤灰等被裹进刃口）、脱根钢（刃口尾部没有钢）、骑马口铁（刃口头部、尾部有钢，但中间没有钢）等病疵。

在操作这道工序的时候，剪刀头部毛坯打好以后，就用凿子将剪尖纯钢部位刻掉一小部分，业内俗称"刻纯钢头"。如果剪头部分是纯钢，后期加工时很容易发生断裂。

接下来的第八道工序叫"搁弯"，就是当剪刀头的雏形出现后，将其由笔直敲成 90 度直角弯。

搁弯后，在直角弯的外延出现了剪刀里口尾部（就是剪刀销钉以下部分）。在传统张小泉民用剪刀生产过程中，里口尾部一直是一个非常重要的位置，是剪刀运用杠杆原理使力的支撑点。

所以，第九道工序就是"蹬里口尾部"。把烧红的毛坯平放在铁墩上，用钳子钳牢，剪头朝上，用铁锤垂直敲打直角部分，就会使剪刀头整体向下运动，从而使剪刀里口尾部出现。

采访者：施老师，这个里口尾部打到多少长有标准吗？

施金水：里口尾部要打到什么程度才合适，这个没有一个精确的标准，剪刀头长多少，大多数就是靠自己的眼睛来判断的。在墩头上某个地方划一条线，大致一比划就过去了，但能保证剪刀头儿尺寸大致相同。蹬里口尾部时要注意，不要蹬得太多，露出半颗毛豆这么大就可以了。

第十道工序是"圆壶瓶"。蹬剪刀里口尾部的时候，把壶瓶部位的铁砸扁了，所以需要重新敲圆。先把壶瓶位置的棱角打掉，基本接近八角形。最终一把剪刀外观好不好看，很大程度上就取决于这只壶瓶圆得漂不漂亮。钳手师傅钳子夹得稳不稳，下手时榔头敲得准不准，在圆壶瓶这个工艺上都是很重要的。

接着就是第十一道"装壶瓶"。剪刀壶瓶圆出来以后，老师傅用钳子再把剪坯翻个身，钳住剪头背部分，搁在墩头上，在坯料的根部位置，敲一锤，使剪体部分也出现一个接近90度的直角弯，这个弯角的地方还是一个比较直的角度。

第十二道工序叫"理头"。就是将装好壶瓶后的剪刀头部位置放入红炉加热，出炉锻打。这里要注意把握头爿的长短、宽窄、厚薄。要注意火候，掌握榔头打击的轻重，逐步整理出符合要求的剪刀头部形状。

工序 12 理头

工序 13 挖里口尾部

采访者：施老师，剪刀头部打好以后，接下来第十三道工序是什么？

施金水：接下来就是"挖里口尾部"。剪刀头部整理好以后，接下来就打制剪刀里口尾部，先用铁锤轻轻敲打，使剪刀背从尖头到剪根基本达到一条线，里口尾部基本像一个正方形。如果里口尾部太大，两爿剪刀相配时会往外鼓出来，不好看；里口尾部太小就起不到支撑的作用，剪切时就会很累。眼位处是一个支轴，相当于杠杆的中心点，两刀相交剪切的那一点是受力点，销钉后面里口尾部位置相交的点就称为"支撑点"。如果里口尾部太小，支撑点借不到力，只能靠手用力，剪切效果就不理想。里口尾部挖好以后，再用榔头角在眼位的地方敲一锤，使装销钉的位置变薄，有利于下一步冲眼工序的操作，这一锤也需要有眼力，看得准，敲得准，才会有很好的效果。

第十四道工序是"抢壶瓶、拎口线"。师傅在圆壶瓶过程中，有时圆得大一点，有时圆得小一点。为了使剪坯基本达到统一，将剪

工序 15 改里口

工序 16 锉里口尾部

工序 17 锻剪股（打下脚）

工序 18 敲克膝

刀口朝上，把剪坯的壶瓶位置搁在铁墩上用锤子敲一下，大的壶瓶敲得重一点，小的壶瓶敲得轻一点。轻重也是没有统一规定，完全凭钳手师傅心得体会，目的是为了使每爿剪刀规格统一，口线平直。

在锻制过程中，剪刀口线不是很规则的。所以要把剪刀刃口线拉直，就得把剪刀刃口朝下搁在墩头上，用锤子在剪刀背上拍一下。这个技巧也在于师傅手上功夫，太重太轻都不行，这得在生产实践中摸索，熟能生巧。

第十五道工序是"改里口"。就是在锉凳上用夹板把剪刀头夹紧，位置要放平正，用中方锉把整个剪刀里口改平（锉平），要求把剪刀表面黑疤锉白，我们行话叫"改清"，就是表面没有黑疤，清一色的意思。

接下来第十六道工序就是"锉里口尾部"。在锉凳的夹板上挖一个洞，像剪刀头爿的样子，剪刀头可以穿进去，固定牢，在锉凳的前头装一只铁环，以控制锉刀运行方向，人可以坐着操作，一手固定剪刀，一手拿锉刀，将剪刀里口尾部锉平整。

第十七道工序是"锻剪股"，我们叫"打下脚"，就是将锻好剪头和壶瓶的毛坯放到炉上加热后取出，然后把剪头下部的坯料锻成方形，再把棱角打掉使之变得相对圆润，形成上粗下细像老鼠尾巴一样的剪股。做这道工序时，要严格控制下脚的长度，要由粗到细，每一榔头之间，过渡要平缓，不能出现像竹节一样的印迹。剪股做好后，就"打下脚"，将剪刀坯下脚过长部分凿掉，如果长度不够，就要加热拔长，使各爿剪坯的下脚长短一致。

第十八道工序叫"圆下脚、敲克膝"。"圆下脚"是钳手师傅对剪刀的下脚进行敲打，使下脚尽量达到圆润。"敲克膝"是把锻好的下脚中端敲弯，以便于下几道工序操作。在手握剪刀的时候，能够在弯曲的地方借力，不容易打滑。

采访者：施老师，上面这十八道工序做好以后，剪刀两片的毛坯基本做好了，接下来是不是要做两片合拢的工序了？

施金水：不是的，还要做好几样生活（工序）才好合起来。接着第十九道工序就是"冲眼"。在剪刀里口尾部按规格尺寸，先用冲头冲出一点眼印，再按眼印点用冲头凿出装剪刀销钉的通孔。做这个生活，要注意通孔的位置，一定要在中心，不能上下、左右偏斜，上下要垂直，冲头边缘要光滑，以免出现毛刺。

第二十道工序是"拷剪刀"，也叫"排平""敲缝道"。我们用剪刀剪东西，是靠两片之间的刃口相交的交点不断向前移动，来剪断东西的。所以交点和交点之间不能有间断，不能使剪刀里口任何部位与刃口接触，这就给剪刀生产提出一个很高的要求。所以好的剪刀两个剪头剪合在一起时就会在中间形成一条空隙，我们行业内叫"鹅毛缝"。这样，剪刀的刃口必须有一个弧度，这个弧度必须依靠手工敲打，把剪刀里口靠背部分压下去，剪刀里口刃部抬高，里口尾部保持水平。两个刃口的弧度还必须一致。剪刀刃口看上去有一个弧度，而用钢皮尺搁上去量一下，发现剪刀刃口线是直的。

工序 19 冲眼

工序 20 拷剪刀（排平、敲缝道）

工序 21 复眼

"排平"这道工序是冷排，还有一个重要作用是通过反复敲打，使剪刀的钢更进一步细密，增加钢的韧性，这样剪起来的效果就更好。

第二十一道工序是"复眼"。就是剪坯头部经过冷排以后，眼位有可能变形缩小，就要用冲头对眼位重新冲一下，使它符合工艺要求。

工序 23 锉外口

工序 24 锉核桃肉

工序 25 砲头

工序 26 配剪刀

采访者：施老师，听说打剪刀师傅"锉"的功夫也是蛮要紧的。

施金水：是的，做一把剪刀，不仅要有打铁的功夫，还要有锉的功夫。接着要做的第二十二道工序"冲外口"就是要用锉功了。把剪刀固定在锉凳上，用大锉刀锉出剪刀外口的初步形状。做"冲外口"的时侯要注意外口的角度，控制"核桃肉"的长短，厚薄要均匀。

第二十三道工序是"锉外口、锉口线"，用的也是锉的功夫。这道工序主要是对剪刀外口的初步形状进行第二次加工。锉过以后，剪刀的外口要厚薄均匀，刃口线达到平直。

第二十四道工序也是锉，叫"锉核桃肉、锉剪背"。用锉刀对剪刀坯"核桃肉"部位进行加工，使剪刀根部平整，倒角符合要求。"锉剪背"，就是通过钳手师傅的操作，使剪刀外背与侧背平整。

第二十五道工序是"砲头、掸芝麻头、倒角"。"砲头"就是把剪头由里向外方向锉，而倒角则是从外向里锉进来，使剪刀侧背与外背相交线变钝，不易割破皮肤，同时保证剪头轮廓清晰。"掸芝麻头"就是把剪头尖部突出的一点锉掉。

采访者：施老师，打剪刀做到这一步，下面是不是就可以装配了？

施金水：还不是的，装配之前，还有好几道工序的。第二十六道工序就是"配剪刀"。把打制好的剪刀按眼位高低，头爿大小、长短、壶瓶高低相配，把最接近的两爿组合在一起。

第二十七道工序是"刻记认、刻记号"。"刻记认"就是把配好的两块剪刀片刻上记号。用锉刀棱角在剪刀背上刻下相同的一组记号，以使在后面工序完成后装配工能够顺利找到两爿原配的剪刀，手工锻制的剪刀，看起来好像相同的，但是细看还是有差别的。

"刻记号"，就是用凿子在剪坯里口靠近剪根部边上，刻上自己炉灶专用的记号。如圆形、梅花形、三角形、半月形、星形等，表示这把剪刀是哪一位剪刀师傅做的。

记号刻好后，接下来有两道工序（第二十八、二十九）是"粗磨"了。就是"粗磨外口"和"粗磨里口"。"粗磨外口"，是用粗山石对剪刀外口面进行粗磨，要求将锉刀丝（锉刀锉过后剪体表面会有一丝丝的痕迹）磨干净，保持刃口线平直。"粗磨里口"，是用粗山石对剪刀里口面进行粗磨，不能靠口磨，也不能靠背磨，拿剪刀的手必须保持平稳，要求将锉刀丝磨干净。

采访者：施老师，粗磨以后是不是细磨了？

施金水：粗磨以后，剪刀还要淬一次火，也就是第三十道工序了。将剪坯头部放入炉灶加热，使剪坯头呈杨梅红色，剪背在下，刃口在上，置入水中冷却，使剪刀刃口钢有一定的硬度。淬火时，要先将剪背入水，剪背厚不易

工序 27 刻记认

工序 28 粗磨外口

工序 29 粗磨里口

工序 30 淬火

工序 31 细磨外口

工序 32 细磨里口

工序 34 烫干上油

变形，然后再将整把剪刀浸入水中，水温要控制在 60 摄氏度以下，当水温过高时就要换一盆凉水。淬火以后再进行剪刀细磨。

先细磨外口（第三十一道工序），在细山石上细磨剪刀外口，将剪刀热处理形成的黑疤磨干净。要注意保持剪刀刃口线挺括一致，使剪刀钢铁分明。再细磨里口（第三十二道工序），在细山石上细磨剪刀里口，使剪刀钢铁分明，将剪刀热处理形成的黑疤磨干净。磨里口时手要稳，不能靠剪刀口磨，也不能靠剪刀背磨，必须保持剪刀平整，才能磨出符合要求的里口面。然后用光泥砖磨（第三十三道工序），在泥砖上仔细磨削剪刀里、外口，使剪刀钢铁分明。

第三十四道工序是"烫干上油"。将经过细磨的剪坯放到滚水（沸水）中浸烫，然后取出来甩干，上一层防锈油，防止生锈。经过这道工序后，就进入检验这个工序了（第三十五道工序）。检验时，对完工的剪坯进行检验，看有没有纯钢头、缩钢头、夹灰、脱根钢、骑马口铁等病疵，挑出次废品，以保证质量。

检验好以后，就上油捆扎（第三十六道工序）。将检验后的剪坯上油防锈，并按一定数量捆扎，送下道工序。

采访者：剪刀坯检验以后还有哪些工序？

施金水：剪坯上油以后，就要"拷下脚"（第三十七道工序），在剪坯做亮加工前，先将弯下脚拷直，以便下道工序操作。下一道工序就是"锉毛坯头爿"（第三十八道工序），用 60 号粗金刚砂轮对剪头（下脚以上的部位）进行表面处理，去除剪刀头爿部位锻打后留下的凹凸不平的疤痕。然后"锉下脚"（第三十九道工序），用 60 号粗金刚砂轮对剪刀下脚表面进行处理，使剪刀下脚表面光滑平整。

接着第四十道工序是"绕壶瓶"。就是用 60 号粗金刚砂轮对剪刀壶瓶表面进行处理，以去除剪刀壶瓶部位凹凸不平的疤痕。再用

工序 45 合脚

皮布粗金刚砂轮对剪刀毛坯的头爿、下脚、壶瓶等部位进行再加工，去掉毛坯外表面的锈斑、毛刺、烂疤，使其发白。

第四十一道工序是"锉下脚"。用皮布 120 号中粗金刚砂轮对剪刀下脚进行直丝抛光（即竖着抛），使剪刀下脚由横丝变直丝，易于后道工序挨光时进行处理。

接下来的三道工序是"挨头爿"（第四十二道工序）、"挨下脚"（第四十三道工序）和"挨壶瓶"（第四十四道工序）。"挨头爿"，就是用 120 号中粗金刚砂轮对剪刀头爿进行挨光处理，使剪头部位保持光洁。"挨下脚"，是用 150 号细金刚砂轮对剪刀下脚进行挨光处理，使剪刀下脚部位光洁。"挨壶瓶"，是用 150 号细金刚砂轮对剪刀壶瓶进行挨光处理。用皮布细金刚砂轮对锉好的剪刀表面进行第二次加工，把横丝改成直丝，使纹丝细化，表面光亮。将做亮的剪坯上夹具后，用钳子把下脚围成半圆形，这就是第四十五道工序"合脚"了。

第四十六道工序叫"直缝"。就是用榔头敲出剪刀里口面的扭曲角度（鹅毛缝），以保证两爿剪刀组合在一起时，剪刃只有相交两点接触，其他部分都分开。直缝时要根据剪刀头爿厚薄、宽窄、硬软不同的性质，在墩头上敲击，使剪刀刃口线达到平直起缝的要求，两爿剪刀合在一起，中间有仅鹅毛片一样厚的空隙。敲直缝还要注意榔头的轻重和敲击的部位，保持剪刀刃口线平直，从而使剪刀达到剪起来很轻松的要求。

接下来就是"戤头爿"（第四十七道工序）和"串剪刀"（第四十八道工序）。"戤头爿"，就是用150号皮布细金刚砂轮抛磨剪刀头爿，目的是使剪刀的表面纹路更细化，更光亮。"串剪刀"，是将抛光后的剪刀按一定数量用绳子串好，送入电镀工场。

在电镀之前，要进行"除油"处理，就是第四十九道工序了。"除油"，是利用化学、物理等方法去除剪刀表面油污。老底子时候用木屑、砻糠或布擦去油污。

第五十道工序是"浓盐酸除锈"。经过除油处理后，再用浓盐酸去掉剪刀表面的锈迹，剪刀上残留的化学物质必须用清水冲洗干净，以免氧化生锈导致电镀中因结合力差而产生脱皮现象。

采访者：施老师，经过除油、除锈以后，剪刀才可以去进行电镀？

施金水：是的。这道工序叫"镀三元合金铜"（第五十一道工序）。将剪刀放入镀铜槽电镀，使铜覆盖于剪刀外表面，作为镀镍的底层，这样可以增强剪刀的防腐能力和镀镍的结合力。然后将镀好铜的剪刀在抛布轮上抛光，一方面使剪刀表面光亮，另一方面在镀紫铜的时候，能够在剪刀表面充分吸收紫铜。这道工序（第五十二道）叫"软布抛光之一"。这道工序完成后，就是第五十三道"镀紫铜"，将装上剪刀的挂具放入镀铜缸中电镀，使吸附在剪刀表面的铜层厚度达到一定的要求。

第五十四道工序是"镀镍"。将装上剪刀的挂具放入镀镍缸中电镀，使吸附在剪刀表面的镍层厚度达到一定的要求。然后，将镀好的剪刀再一次在抛布轮上抛光，这就是第五十五道工序，叫"软布抛光之二"。这样，剪刀表面更加光亮了，下一步镀铬的时候效果就更加好，剪刀就会有良好的抗腐蚀效果。

镀镍完成以后，再就是第五十六道工序了，也就是"镀铬"。将装上剪刀的挂具放入镀铬缸中电镀，使吸附在剪刀表面的铬层厚度达到一定的要求。

采访者：施老师，剪刀这样镀镍、镀铬以后，接着要进入什么工序了？

施金水：这两样镀好后，就要进入整理、宕磨、相配等最后几

工序 61 检验

工序 65 钉眼

工序 66 拷油

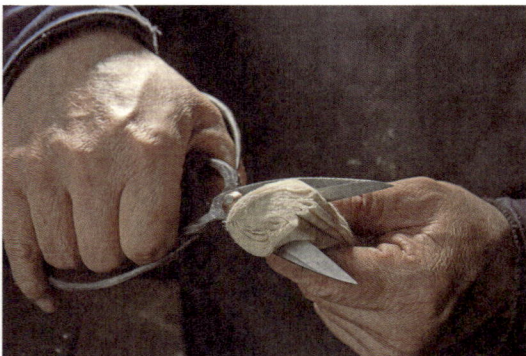
二序 68 成品检验

道的工序了。先是"检验整理"（第五十七道工序），对抛光后的半成品剪刀进行检验，排除如脱皮、起泡、镀层不均匀等不合格的剪刀，将合格的剪刀用绳子串好，送入下道工序。接着就是第五十八道工序"宕磨"了。在泥砖上精磨剪刀里口面和外口面，然后铲直刃口线。宕磨好以后，有一道工序叫"拖锋"（第五十九道工序），就是把精磨后的剪刀在泥砖上拖出锋口，方法是把剪刀刃口在固定的泥砖上顺势从剪根到剪头轻轻磨擦一遍。这样磨了以后，可以去掉在剪刀里外口磨削时出现的毛刺，剪刀就更加锋利了，剪起来也更加顺畅了。接下去，把磨好的剪刀头在烧滚的沸水中浸烫，然后拿出来甩干，再涂上防锈油。这就是第六十道工序，叫"烫干上油"。

完成以上工序后，要作一次检验，去掉不合格的半成品。比如砂轮丝没有磨干净，剪刀里口尾部没有磨透，刃口线没有磨直，剪刀头部磨塌、厚口子，都属于不合格的半成品。这道工序是第六十一道。

张小泉手工艺人在刻字凿花

采访者：施老师，这道检验工序做好后，一把剪刀快要形成了吧？

施金水：不要小看一把小小的剪刀，传统手工做出来，大大小小工序真不少，到包装入库还有 10 来道工序呢。接下来一道工序（第六十二道）是"凿销钉"。销钉是剪刀的主要配件，按照规格要求，凿好长短、粗细适度的销钉。销钉凿好后，要"冲眼线"，这是第六十三道工序。"眼线"就是垫圈，要按照规格，用铜皮或铁皮冲出大小不一样的垫圈，是供剪刀装配的时候用的。这两项事情做好后，就是"相配"这道工序了，也就是第六十四道工序，将两爿长短、宽窄、下脚粗细、壶瓶高低相同的剪刀配成一把。

相配好剪刀以后，就做第六十五道工序，就是"钉眼"，将相配对的两爿剪刀，用销钉通过剪孔，配以眼线，然后铆接成一把剪刀。接着是第六十六道工序"拷油"，对钉眼后的剪刀进行整理校正，使其缝道一致，外观对称，剪切锋利，松紧适度。

再接着是第六十七道工序"凿花"，就是在剪刀头面上刻上鱼虫花鸟以及山水风景等图案，另外刻上商号名，这样便于识别生产单位。这道工序的具体方法是这样的，左手拿凿子，右手拿小铁锤，连续用小铁锤敲击凿子，敲一下出现一个点，由点连成线，再由线条组成各种文字、画面。或用机械代替小铁锤在剪刀上凿出各种图案或文字。

刻字凿花以后，就到了"成品检验"这道工序了，也就是第六十八道工序。剪刀成品检验是按照剪刀的轻松度、光洁度、平整度、锋利度等指标来进行的，经过成品检验这道关来确定产品的等级。检验过以后，对剪刀表面进行擦拭，去除手指印、灰尘，确保剪刀整洁。然后涂上防锈油，防止生锈。这是第六十九、第七十两道工序。

最后还有两道工序。一道是"扎藤、扎丝"，在剪刀把环（脚柄）上缠扎红藤或丝线，增加美观度。最后是包装入库，将剪刀放入纸盒，装入包装箱后送入仓库，等待出售。

上面这 72 道工序，是我们张小泉打剪刀的人一代一代创造出来的，也是一代一代传下来的剪刀制作工艺，是一代一代剪刀人的智慧和心血。"张小泉"也是依靠这些精湛的技艺，才有三百多年历史、三百多年的品牌，并造就了杭州制剪业的发达。

七、传承是责任　老叟有担当

"我永远是张小泉打剪刀的人。我唯一的愿望，就是把这门手艺一代代传下去。"——施金水

采访者：施老师，"张小泉"最早的时候是不是打 1 号到 5 号剪刀，您最擅长做哪号剪刀？

施金水：我擅长锻打"1–5 号民用剪"，包括"圆头 1–5 号""长头 1–5 号"，这是杭州人最熟悉不过的黑把剪，就是像竹笋一样的剪刀头，壶瓶或者酒坛式的剪刀把。1965 年起，这款民用剪连续五次获得全国剪刀质量评比第一名。另外花式品种，麻纱剪、棉纱剪等剪刀也做的，品种比较多的，我做得最多的是 3 号剪刀。

采访者：施老师，请您谈谈当前张小泉剪刀锻制技艺的传承情况。

施金水：20 世纪 60 年代开始，手工锻打剪刀逐步被机械弹簧锤打剪刀代替了，生产条件也不断改善，所以过去这些工艺也慢慢地淡化了。机械化流水线取代慢工细活，而在当下仅有我们几个仍旧坚守在手工艺活态馆里，说句心里话，有没有信心和耐力将手艺流传下去，我们是没底的。

厂里曾做过统计，目前掌握张小泉传统锻造工艺的只剩 46 个人，而且大部分人已经年纪很大了。现在，大概也只能在这手工艺活态展示馆里，看到从试铁、试钢到嵌钢、锻打、淬火、磨制、打轴眼、合脚等一整套张小泉剪刀制作的独特工序。

传统工艺需要 72 道工序，而现在的流水线上只需 9 步。没有传统工艺的张小泉剪刀会失去"根"。锻剪过程中有三个工艺是最重要的——镶钢、缝道、热处理。如果我们要传承的话，这些就是重点，而剪刀式样什么的都是次要的。我们这套活计，光动动嘴巴还不行，要手把手去教。眼下我还可以传授一下，但是年纪再大几岁，恐怕想做也不能做了。

我曾经带出过一些徒弟，他们在退休后也因各种各样的原因无法继续从事这项工作。而眼下，30 岁以下的青年传承人里，还没有一个人能手工锻打出一把剪刀。但我一直没有放弃，定期会去手工艺活态展示馆里的张小泉剪刀锻制区看看徒弟们的活计，有时候看得技痒，我就抢起锤子上手打剪刀。

采访者：施老师，您现在有几个徒弟？

施金水： 2010 年，杭州手工艺活态馆叫我来指导，带几个徒弟。丁纪灿是 2010 年的时候收进来的。2012 年又招了一个人，叫陈伟明，之前一直在剪刀厂里做机械剪刀。又过了一两年，厂里面领导也重视，派陈标来跟我学艺。他是厂里的工会主席，一般休息天来博物馆。

我对这三个徒弟的基本要求，就是要一代又一代把张小泉的传统剪刀锻造工艺传下去。丁纪灿是我第一个徒弟，他现在开始做一点新产品，比如最小的剪刀——能藏到火柴盒里的那种剪刀。原来老一辈的师傅叫谢金龄，和他的徒弟叫胡水根会做这种剪刀。陈伟明现在能够把传统的五把剪刀做好了，另外蟹剪也能做。陈标由于学的时间太短，还不能独立掌炉灶。

采访者：施老师，现在您教的徒弟就这三个人，这么好的技术就传给三个人，是不是少了点？

施金水： 是呀，我也想多传几个人。喜欢吃苦受累拿大锤来干活的人不多的，现在想招一个学徒都很难，这个是实话。博物馆这里人太少了，有时就是一个人在这打打弄弄。300 多年来，一个人

施金水和他的徒弟丁纪灿（右二）、陈伟明（右一）、陈标（左一）合影

打把剪刀是从来没有过的。我跟原来厂里的厂长也提过意见，现在还是招不到人。几个学徒都很勤奋，没有人打下手就一个人做，也弄得出来。丁纪灿自己在做花式品种，那些新产品都是他自己敲打出来的。

采访者：施老师，从您自己的内心，您对徒弟这个身份有什么要求，就是您最理想的，您最想要的那个徒弟，应该是什么样子，给我们说说。

施金水：我没有什么特别的要求的，就是希望他们把张小泉的优良传统能一代代传下去，不想看到中国传统手工剪刀锻制技艺断在我们手里。

采访者：施老师，比如说您的这几位徒弟，在教的过程中有这么一种说法，叫"教会徒弟，饿死师傅"。就是很多老的师傅都会留一点自己的绝活在身上，不会百分百都教给徒弟，我想您一定不会吧，您肯定是把自己所有的东西都教给徒弟了。

施金水：时代不同了，我和他们没有竞争关系，肯定是尽心尽力教的。有的时候，他们有些地方还是不大能达得到要求。达不到要求跟自己的具体做法也有关系的，我会实实在在地跟他们讲哪里不对，哪里不好。不讲是我的责任。

采访者：施老师，我们就每一位徒弟再详细地说一说，比如说大徒弟丁老师，您对他，就是收他当徒弟的时候，对他有什么要求，您觉得他有什么突出的地方，我们分每个人单独讲一讲。先讲丁老师，好吗？

施金水：丁纪灿的特长就是爱动脑筋，花式品种都是他自己琢磨着开发出来的。陈伟明人踏实，做的是符合张小泉传统的剪刀。我教他敲缝怎么敲，手势要怎么样，怎么敲法，他都基本上听进去了，能达到我的要求。陈标现在还没有完全入门，因为他做得比较少，没有他们两个做得多。

采访者：施老师，您现在虽然年纪大了，但是身体还很好，您工作的那种热情也很足，那您以后还想不想再收徒弟呢？

施金水：想不想再收徒弟了？如果我体力允许的话，我当然希望再收几个。我是国家级非遗代表性传承人，要有点传承人的样子。如果有人愿意来学的话，我一定会继续带。以后要怎么变、怎么动，我自己也不知道。我会诚心地教导他们，也能够教会他们的，这是我的责任。

采访者：施老师，您的大儿子施永泉为什么没教给他打剪刀的技术啊？

施金水：我的大儿子进张小泉剪刀厂的时候也是做剪刀的，不过那个时候已经使用弹簧榔头了。到后来，厂里因工作需要，让他做电工了。手工打剪刀太苦了，总要先解决吃饭问题。再说人往高处走，手工打剪刀不是每个人都愿意做的。

采访者：那您会觉得可惜吗？觉得那个手艺没有传给儿子，会不会觉得有点可惜？

施金水：这个说不好的，行行出状元，电工学好也可以的。后来他生病了，就离开厂里干其他行当去了。

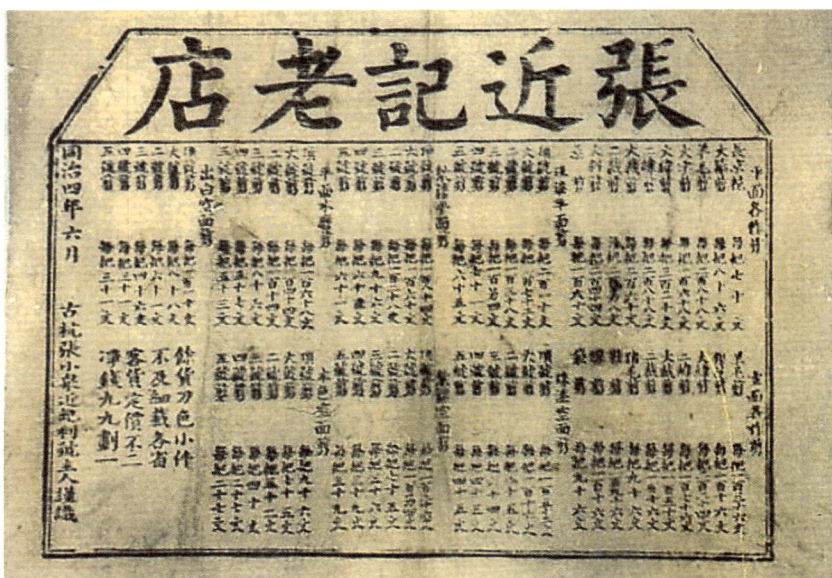

清同治年间张小泉近记剪刀价格表

采访者：那您觉得，是自动化做出来的剪刀好，还是手工做出来的剪刀好？

施金水：按照规格来看，是机械化做得好，它的产品统一，一把把形状都一样的。按照实际用起来的感觉呢，还是我们手工做的剪刀来得好。手工剪刀剪起来比较轻松、灵活，锋利度也好。机械化规格统一，生产速度很快，但它磨损的速度也快，没过多久就钝了。

采访者：施老师，您觉得一把手工打的剪刀，比如说2号剪，卖多少钱您觉得合适？

施金水：卖多少钱啊？六几年的时候，2号剪卖八毛多钱，现在这个价格不够了，150元要的。

采访者：会不会太少了，您再翻一翻，就是说现在卖多少钱觉得合适。

（丁纪灿：师傅，您现在一把2号剪至少要卖200元以上，300元才行。）

采访者：您在张小泉剪刀技艺传承上，有没有什么担忧的事情？

施金水：传承上面，名气是国家给我的，国家级代表性传承人也是国家给我的，我就是想弄一点成绩出来。所以现在我还是每周来两次博物馆，教导他们（徒弟）一下。张小泉的东西要传下去，几个学徒，他们做得好的地方、做得差的地方，我都要如实地和他们说说。作为国家级传承人，国家每年给我两万元津贴，这个钱是国家的，不好白拿的，有能力的话我总要尽力，要管下去，把这个技艺传承下去。

采访者：施老师，在北方，"王麻子"剪子是很有名的。您跟"王麻子"剪刀的那些师傅接触过吗？有没有去过他们的厂子，跟他们一起交流过？

施金水：我们原来做绸布花边剪的时候，"王麻子"也在做，我们还去参观过。它这个剪刀是一个缝，一个口线，不如我们的好，缝也没有那么好，口线也没有我们那么有锋利度。

八、剪不断的情 剪不断的根

施师傅很"拧"，如果哪天要去馆里做展示，不管刮风下雨他都要去。七八月天气炎热高温，厂里的管理层都希望施师傅能保重身体，不要去了。但施师傅就是不肯。——施金水徒弟，杭州市级传承人丁纪灿

采访者：施老师，能否介绍下您当前的个人生活情况？

施金水：现在我家里就我一个人，几个子女都在做另外的事情。小儿子因为残疾，住在丁桥专为残疾人提供的住所，为此我还要花一点钱，好让他住在那里。另外，夫人走了，家里只剩我一个人。我一个礼拜来刀剪剑活态展示博物馆两次，也是尽尽义务。我是吃剪刀饭的，也就是吃"张小泉"的饭，吃了几十年了。现在要传下去，希望几个徒弟技艺能够提高，把张小泉的传统剪刀、新产品弄得更好。

采访者：施老师，如果可以选择，假设您现在是个年轻人，您还会选做剪刀这个职业吗？

施金水：如果说现在我还是 30 岁的年龄，那我仍然做剪刀好了。

我 30 多岁的时候，我做剪刀的名气也有的，干这个活稳，已经学好了。剪刀大大小小都会做，花式品种也会做。其他也干不来的，我没什么文化，苦出身的，要勤勤恳恳、劳心劳力地弄口饭吃，有文化的生活吃不消做的。

采访者：施老师，在中华人民共和国成立以前，您当学徒工的那个时候，有没有见过张小泉真正的那个传人，就是张小泉有一个最后一代那个传人，好像是 1978 年才去世的，那个老人您有没有见过？

施金水：没有见过。张祖盈是张小泉近记商号的大老板，不是具体搞手艺的，我和他没什么交道。

采访者：施老师，您家里现在用的剪刀都是您自己打的吗？

施金水：那时候，自己做出来的剪刀都归集体，不是自己做自己用的。自己要用，买一把，或者厂里有时候送几把。自做一把剪刀自己用，人家也会说闲话的，不能随便弄的，这种事情我们都把握得很好的，做不出来的。

采访者：那您老了，自己给自己打一把剪刀，当成一个传家宝传给下一代，不好吗？

施金水：现在就是这样子的，我们做剪刀，我们自己也有一个标准，不是马马虎虎做一把算一把。一把剪刀要做好，就要按照式样做，这套东西仍然要有的。剪刀行业，我们也算比较老的一代了，苦头都吃过了，一定要掌握好这点。我对剪刀质量看得很重，不合格的都要扔掉，坚决不流出去，不然要坏名声的，质量上差一点都是不可以的。家里人对手工剪刀看得多了，因此见怪不怪了。

采访者：施老师，我再问问，您是真心喜欢干这个职业吗？

施金水：吃了这个行当的饭，总要管牢这个剪刀事业的，剪刀行业我当然爱护的。现在博物馆还是手工操作的这么一个东西，不爱护的话，我一个礼拜也不会来两次。我就是为了把这把剪刀弄好。

第四章　周边采谈

一、浙江省非遗保护中心潘昌初访谈：嵌钢工艺是"张小泉"的核心技艺，施老师就掌握了全套的传统手艺

本书编者与施金水老师合影

采访者：潘老师，今天跟您谈一谈有关"张小泉"的一些故事，还有您对于"张小泉"这个产业和这个项目的一些理解。现在我们还是想从施老师开始谈起，您最早见到施老师是什么印象？

潘昌初：好的。是这样的，我第一次见到施老师是在 2009 年的"文化遗产日"期间，那时候我刚从学校进入杭州非遗保护中心工作，单位承办了全市"文化遗产日"非遗展演活动。我与施老师工作交流时，他那双沧桑且充满老茧褶皱的手吸引了我。他非常和善客气，想送把剪刀给我们。但我觉得实在是不合适，最后硬给他塞了 200 块钱。从那天后我就跟他结缘了，后面又因一些演出、展览等活动，进一步加深了印象。

采访者：施老师那把剪刀现在还在吗？

潘昌初：我放在家里面，我觉得像我们干非遗的，关注这些传统手工艺是主要工作内容之一，手艺人不容易。"张小泉"是一个老字号品牌，现在市场上基本上都机械化生产剪刀了，目前还能独立手工生产的老师傅屈指可数。觉得自己还是比较幸运的，有这个机缘参与到非遗保护事业，从而结识了施金水老师这么一批老艺人。

采访者：施老师在制剪传统工艺上，他达到了什么样的工艺水准，他被评为国家级代表性传承人，当时的依据是什么？就是说，施老师最核心的、最拿手的技艺到底是什么？

潘昌初："张小泉"主要的技艺我觉得是嵌钢工艺。现在的剪刀样式是唐代以后固定下来的，但这个"嵌钢"是张小泉剪刀所独创的。北宋沈括《梦溪笔谈》和明代宋应星的《天工开物》，都提到过"嵌钢"。但是真正用到剪刀上，还是"张小泉"所独创的。这涉及到生铁、熟铁、钢几种材料，它们本质区别就是含碳量不一样。钢的含碳量介于生铁跟熟铁之间。

含碳量越高，钢的硬度就越大，而且越脆，容易折断。含碳量低的熟铁，它柔韧性很好，但是很容易变形。所以用熟铁打制的剪刀，它的口子很容易卷刃。全部使用钢的话，价格贵，锻制难度也大。所以早期做剪刀都是使用生铁，质地比较硬、比较脆。在我们浙江这块区域，丽水的龙泉产好钢，当地主要用于锻造龙泉宝剑。嵌钢工艺在剪刀史上具有划时代意义的，钢铁相济，极大改进了剪刀的性能。

为什么施金水老师他能评上张小泉剪刀锻制技艺国家级代表性传承人，一来，施老师是目前屈指可数的几位独立掌握了全套制剪手工艺的老师傅之一，同时，他的人生经历具有典型性和代表性。还有一个是传承，施金水老师一直是厂里的业务骨干，包括在退休后，施老师还一直返聘担任厂里的业务指导，下面带了二三十个弟子，为张小泉剪刀传统手工艺传承发挥了很大的作用。他本人也很敬业，品格高尚。

手工艺都是有温度的。每个师傅对于自己做的剪刀都能在万千把剪刀当中一眼就认出来，就是每把剪刀都有特性。当时有一句行话，"剪刀师傅三年徒弟，四年半足"。也就是说，干满七年，还只能算半个师傅。由此可见，其技术难度还是挺大的。我记得老底子有句话比较经典，"三个月，手艺扎根在眼里；学三年，手艺扎根在心里"。像施老师这样技艺精湛的老师傅，现在真的是凤毛麟角了。

采访者：施老师在传统技艺的传承上，融汇百家之长，他身上所折射出来的应该是他们这一代人所有的智慧。

潘昌初：对的。我觉得这个问题跟"张小泉"为什么到现在仍屹立不倒，都是一脉相承的。"张小泉"有个特点，我总结了下，它总能在历史的关口不断创新，勇攀高峰。它会保留传统，但是也会迎合市场最新的需求来进行一些改进，包括我们一开始说的这个嵌钢工艺。同时，它也比较符合我们江南的气质，江南这地方文化气息比较浓郁，所以做东西讲究精致。"张小泉"是全国第一个采取镀镍工艺的厂家。传统工艺不单单要守护传统，还要创造未来，我觉得这二者应该是不矛盾的。

采访者：对于施老师来讲，他人生遇到过两次比较大的冲击，首先是 20 世纪 50 年代的时候，20 多岁的他面临社会主义改造，合作社体制打破了过去作坊式的师徒传承关系。当时，他的内心是怎么样的？

潘昌初：中华人民共和国成立后，百废俱兴，我觉得当时他内心是比较欢欣鼓舞的。因为老底子他学这个手艺只是为了有口饭吃，受尽了千辛万苦。但在 50 年代的社会主义改造后，他的身份转变了，工人自己当家作主，也有了国家层面的一个基本的保障。同时，改革开放之前我们国家底子薄弱，工艺美术是国家出口创汇的主要产品，行业也是比较景气的，工资待遇远高于一般行业。所以，和他交流时，谈起那个时代，他作为过来人，总是有种油然而生的自豪感。

采访者：那时候有可能是施老师人生中最开心的一个时期吧。

潘昌初：那时候他比较年轻，而且正是蓬勃向上的时候，我觉得他更符合那个时代精神，整体欣欣向荣的、百废俱兴的风貌。包括在 20 世纪六七十年代的时候，施老师作为骨干人员，领头干了不少创新项目。

采访者：请您举几个例子。

潘昌初：比如对剪刀样式进行一些改造，又比如采用弹簧榔头提高效率。2000 年以后，我觉得又是一个转折，尤其是我国开展非遗保护工作以后。我觉得非遗很大一个功绩就是改变了底层手艺人的命运，以前我们觉得做木匠也好，打铁也好，大家并不重视。但是现在把它们提高到了文化传承和复兴的高度，受到了社会的尊重，这是一个很重要的社会思潮的变化。

采访者：我第一次看到施老师的时候，觉得他是一位真正有手艺、有真本事的老艺人，不善言辞、内敛而敦厚。他给了我这样一个印象。那么能不能从您最开始认识他，到慢慢接触，我们作为晚辈，或者说您作为一个从事非遗保护的专业人士，对他的情感和对他的认识是否有一个慢慢递进和加深的过程？

潘昌初：我当初第一次见到他，他看起来就是普通的一个老大爷，很不起眼。但是跟他接触后，特别是我们干非遗保护这一行的，通过慢慢地对张小泉剪刀锻制技艺这个项目的了解，对施老师有了更深的了解，与他的关系也越来越亲近。我这里举个例子，剪刀锻造工艺，以前是没有测温设备的，但这些老匠人凭长期实践，通过目测就能估算出温度有多高，他们用术语表达，有时候叫"洋洋火"，这代表火焰烧到1200摄氏度的样子。这个时候炉内的坯料应该马上拿出来锻打。锻打的时间控制在多久呢？他们说的"杨梅红"，一般温度是到800摄氏度的样子。此时，如果再打下去，冷却时间就太长了，钢铁就变得很脆了。那要什么时候淬火呢？要"亮杨梅红"色时，大概是800—850摄氏度那样子。淬火也是有讲究的，要从剪刀根部先入水，因为剪刀根部比较厚一点。

采访者：他的手劲是不是还蛮大的？

潘昌初：那是必须的。为什么这么说呢？千锤百炼，百炼成钢。你如果没有那么大力气的话，也打不了铁。

采访者：施老师在整个技艺传承当中，还有自己的一套教学方法。他在年轻的时候，是蛮有创新精神的，就是相对于他们的师傅那一代人来说。但是，在他进入耄耋之年的时候，他的徒弟要创新，他有的时候会觉得你这么做就不是继承"张小泉"的技艺了，就是说当一个人年轻和他年老的时候有可能对技艺的理解会有所不同？

潘昌初：对。我觉得这个应该分开来看待。年轻的时候和年老的时候思维不可能完全一样。施老师当学徒时，他在所处的那个时代是比较有创新精神的。后来，到了张小泉剪刀厂，那时首先要解决的是全厂的生存问题，倒逼着他不得不去创新，如果不创新你还用老的工艺，生产效率低，你这个剪刀生产出来又难看，谁来买？倒逼着企业要去做一些创新。但现在这个阶段，企业施行现代化科学管理，依靠全厂的智慧和力量，它有庞大的人力跟物力，以及社会资源在支撑它。

通过分工合作，大大地提升了工作效率。这是工业社会的一个本质。他（施金水）现在这个使命不一样了，他现在站在传承人的角度上。他现在所做的主要使命，就是按照他最擅长的方式——用全手工的方式把民用1—5号剪完整的制作流程展示给世人，我觉得这是他最主要的一个使命。如果现在要通过他解决行业吃饭的问题，我觉得那是他们工厂的使命，不是他个人的使命。

至于他为什么反对他学生去创新，我觉得这就是认识方面的问题。如果真讲创新，你创新得过专业设计学院？和他们现代设计相比，根本比不过。我觉得以丁纪灿老师的能力，他这个年纪再去创新的话，已经创新不过年轻人了。我觉得人一辈子不容易，你只能做好一件事情，我觉得这件事情做好就够了。人在什么位置，在什么阶段，就做什么事情。

采访者：刚才我们在采访施金水老师的时候，他讲到张小泉剪刀传统手工锻制有 72 道工序，您作为非遗保护的一个专业人士比较了解这个，那么，您会更倾向于或者更喜欢跟对张小泉制剪技艺一无所知的普通消费者讲哪些技艺？您会更倾向于介绍哪一个步骤，或者哪几个步骤是您觉得这真是张小泉的绝妙之处？

潘昌初：作为我个人，我觉得最需要介绍的是刚才也提到的"张小泉"的创新精神，每个阶段它总能够顺应历史潮流，能推陈出新。一把剪刀的质量取决于什么呢？一是外观形状，这是剪刀性能的外在决定因素。二是材料的性能，这是剪刀性能的内在决定因素。三是制作工艺，工艺对剪刀性能影响也很大，尤其是锻造工艺和热处理工艺两个环节。

我觉得"嵌钢工艺"是"王麻子"等跟"张小泉"学的，因为技艺本身就是不断交流的产物，时间长了大家都会。但它们两个（指"王麻子"与"张小泉"）制剪刀工艺也有许多不同，一个是形状的差别，可能北方人人高马大的，所以他们"王麻子"剪刀有一款很著名，叫"黑老虎"，它的剪刀前面会小一点，后面会大一点，可能适合做粗工，干体力活儿，而且刃口还不一样。你去看"张小泉"的剪刀，刃口都是单刃的，"王麻子"剪刀多是双刃的。这也是不同的地域特点。

采访者：就是张小泉的剪刀剪丝绸等精细活比较适用？

潘昌初：对。

采访者：北方粗的体力活多。

潘昌初：对。而且"张小泉"剪刀的头会长一点，"王麻子"的稍微短一点，因为杠杆原理，所以它们的形状上可能稍微有点不一样。再来看一下工艺的过程，"张小泉"剪刀根的地方，有一个凹槽，我们可以上油，一来可以方便打孔；二来松动的时候，可以把它加固，拧紧，起到润滑的作用。这个是"王麻子"没有的。但是"王麻子"也有许多创新的地方，比如说"张小泉"剪刀，在炉火当中，跟氧气的接触会产生氧化，还会脱碳，所以它只能是快速加热。"王麻子"剪刀在这一工艺上是不一样的，它是在淬火前，在剪刀头涂上牲畜蹄子和盐的混合物，来防止脱碳和氧化。

还有，"王麻子"嵌钢的时候，会在剪刀贴钢部位涂硼砂，硼砂在工业上是金属融合剂，用了它以后可以防一些灰尘，还可以使其契合得更加紧密一些，这个是"张小泉"剪刀没有的。"张小泉"避免防灰的话，主要是从工艺上、从细节上改进。我觉得它们（"王麻子"和"张小泉"）各有所长。

如果现在向一般的游客、普通的市民介绍"张小泉"什么技艺，我觉得会讲讲它每个阶段主要创新点，包括之前说的嵌钢工艺、镀镍工艺，还可以讲讲它在商标史的地位。我觉得这个才代表杭州的一个城市精神，杭州本来就是创业之都，大气开放。中国十大商帮，浙江就有宁波帮、龙游帮。现在，以马云、宗庆后等为代表的浙商很有名，浙江的创业精神一脉相连。我觉得更多的是要讲一下这些，而不是具体的工艺，每个工艺即便现在最先进，若干年以后都是淘汰掉的。其实，"张小泉"的嵌钢工艺，这个是在刀剑上最先采用的，只是后来被移接到剪刀而已，现在都已经普遍在用的。还有刻划花，

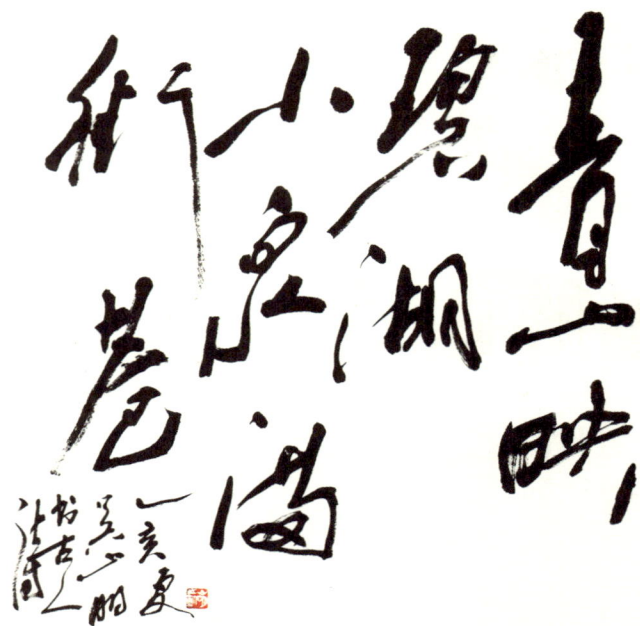

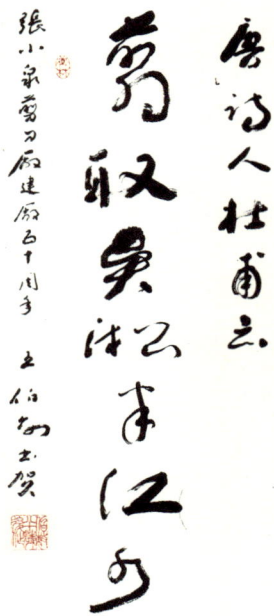

吴山明题词　　　　　　　　　　　　　　　王伯敏题词

这个东西我觉得其他人学一下，也是比较快能学到的一个东西。讲具体的工艺，是没有多少意义的事情。

采访者：那依您的理解，正是杭州这片土地有很多具有创新意识的人，才共同塑造了这个城市的气质。

潘昌初：我觉得"张小泉"品牌不属于个人的，它属于全杭州人。施金水老师只是一个代表性人物。现在我们的传承人其实有 6 位，国家级还有一个徐祖兴，前几年已经去世了，省级的有张忠尧（2017 年 12 月成为第五批国家级非遗代表性传承人），市级有三位，陈标、陈伟明，还有一个丁纪灿。我觉得他们都是传统工艺守护者。张小泉剪刀，它传承下去的一个很重要的作用，就是让大家看到另外一种生活方式，跟我们现在工业化、城镇化背景完全不一样的一个生活方式。其实，我觉得这个启发意义更大，让我们了解原来古人是这么生活的，古代自然经济之下，出一根铁就能捣腾出一把剪刀，我觉得这个是很直观的东西。我认为这个非遗传统工艺可以让我们体验到另一种生活方式。

采访者：也许施老师不会想到这么多，但有可能内心对于剪刀，一个具有分量和温度的物件，寄予了他一生的情感和寄托，他每次来到这个活态馆，虽然诸多辛苦，但可能只有到了那个环境下，离那些火、水、锤子更近的时候，他的人生才会变得更圆满，然后延续他生命的那种能量才会更充足。

潘昌初：是的。有句名言，人是生活在自己编织的网上的一只虫子。我觉得做什么，其实并不重要，只要不要让自己迷失掉，自己有一个方向。我觉得施老师对使命，还有责任方面看得就比较重。他如果不到这边来，说真的，自我存在的意义就没有了。人，一辈子能做好一件事情，也真的是不简单。

二、施金水大徒弟丁纪灿访谈：老一辈师傅们在工作实践当中不停地改进自己的技能，提高产品的质量，这其实就是我们中国传统文化的一种精华

采访者：**丁老师，拜师之前您对施老师是一个什么样的印象呢？**

丁纪灿：施老师做过厂里部门的领导。在厂里，根据剪刀的大小、品种，剪刀的生产部门是不一样的，有许多部门呢。他曾经做过我的领导，感觉人很亲切的，可以打交道的。

采访者：**当时说要拜施老师为师的时候，您特别强烈的一个愿望是什么？**

丁纪灿：我最强烈的愿望就是希望自己掌握的制剪技能能达到一定的高度，这对我个人今后的发展也有好处。其次，我父亲就是做剪刀的，我从小就跟剪刀打交道，是在张小泉剪刀厂的关爱中成长的。所以也想这辈子从头到尾都跟剪刀打交道的，有这种想法。因此，出发点主要还是为了更多地学点这方面的知识，多向老师请教技能。如果说能够在老师耐心教导下有所改进提高的话，那么想想看好像也是一件很开心的事情。

采访者：**当时，你们拜师时举行拜师仪式了吗？**

丁纪灿：有一个正式的仪式的。当时搞得像公开招聘，最后录取了我。后来过了十来天，厂里通过精挑细选又选了一位同志。但

是到 2011 年 10 月剪刀厂搬迁的时候，好像他感觉太累，随便做一个工作都要比这个收入高、又轻松，就不来了。

采访者：所以说施老师最开始收徒弟就您这一位？

丁纪灿：是的。后来施老师又收了两位徒弟，所以说我是两位陈师傅（指陈伟明和陈标）的大师兄，他们也都叫我大师兄的。我们三个人对制剪刀技能每个人都掌握了点，各有特长的。我的出发点就是希望能把老师所有的技能融合一体，但是目前我还没这个能力，想是往这方面努力的。如果说能够做到七分那我肯定要做到七分，如果能上八分的话，那我就更高兴了。九分、十分我也是不敢想，因为艺无止境的嘛。

采访者：在这个过程当中能不能给我们做个评价？施老师是国家级的非遗传承人，有可能跟施老师同一级的有三到五位的老师傅，您能不能给我们分析分析，比如施老师到底是哪一方面强？另外那几位老师又是哪一方面强？那么有没有可能他们强的那个部分恰恰就是您特别想去学的？

陈标、丁纪灿、张忠尧、施金水和陈伟明（从左到右）

丁纪灿：听老一辈的师傅说，我老师最擅长的是生产我们张小泉 3 号民用剪。后来他是做了相当长一段时间的礼仪剪部门的领导。

采访者：那他有什么特长？就是他在这个锻造技艺上的优势在哪？

丁纪灿：我们成长过程中，生产方式都是半机械化、半手工的。20 世纪 60 年代以后，纯手工打制的剪刀就基本没有了。旧时，我们杭州有几十家的手工制剪作坊。大家都是以个体为单位的，一个老板带着几个帮工徒弟加工剪坯，生产也不是从头到尾的。打造的归打造，后续加工的加工，销售的销售。虽然手工制作，其实也是分工合作的。

采访者：在施老师当您的领导时，或者是这个过程当中，您对他是个什么印象？

丁纪灿：老师给人的感觉很亲切，也很稳重，主要还是比较勤劳。因为像我们老师这一辈的话，如果说是一个部门一把手的话，那肯定是各方面要非常优秀的人才能够上去的。

采访者：咱们刚才说到那个拜师仪式还没有说完，你还记得是哪一年的哪一天吗？你们都行了什么礼，还是互送了什么礼物？

丁纪灿：具体哪一天我已经记不起来了，只记得是 2010 年 8 月或 9 月的某一天。在我们厂办公大楼里面，办了一个正式的拜师仪式，当时另一位国家级的代表性传承人徐老师（徐祖兴）因为生病没有来，施金水和张老师（张忠尧）在现场。我们正式行师徒礼的。

采访者：那是行鞠躬礼，还是要磕头？

丁纪灿：是向师傅行鞠躬礼。当时王艳（张小泉剪刀集团宣传主管）的前任赵永久在场，应该拍了这方面的照片，我估计厂里也留下来了。

采访者：当时您对施老师或者施老师对您都说过什么话吗？

丁纪灿：施老师关照我们好好学习，他表态愿意把自己的技能无私地传授给我们，希望我们认真学习，好好配合。然后聊聊他的心里话吧，他希望技艺不要在我们这代人手上失传了。

拜师传艺仪式

采访者：在这个过程当中您跟施老师说了什么？

丁纪灿：我说您放心，我会好好做的。从小我都很热爱劳动的，人根本就闲不下来。目前我在活态展示馆工作，大家也都看得到的。真的，这一两年当中，我每天午餐后休息不超过 10 分钟，就马上开始工作了。我始终处在工作状态。做剪刀主要还是要能够吃苦耐劳，因为工作实在是太累了，你说把这么硬的东西（指钢铁），手工做成得心应手的东西（指剪刀），能不累嘛。而且你要认认真真地让自己的一些想法，一些学到的东西，反映在作品上面，那难度是更加大的。所花的时间、精力也是不可估量的。真的，你要尽量少跟人交流，多留一点时间钻研技能。在工作上面不是马马虎虎就能够出成绩的。

采访者：丁老师，从拜师学艺到今年已经差不多 7 个年头了，那您跟施老师都学到了什么？或者说他教了您什么？

丁纪灿：施老师教的东西很多，我跟他学的东西也很多。但是我这个人好像有一点反叛，喜欢做一些改进工作。说难听一点的话，好像有一点没事找事。这怎么说呢？就是希望到老师这里多请教，挑出毛病来，请教老师为什么要这样做。这样我学到的东西不是更多了嘛，虽然有时也是无厘头（即没有目的）的，但还是为了能跟老师多学一点东西。

采访者：那您记忆最深的，或者是说让您觉得茅塞顿开的那个场景是什么？学到的那个特别细的那个精华是什么？

丁纪灿：一块小小的钢块要把它手工做成剪刀，现在全世界范围之内，也许就只有我们师兄弟几个可以做到了。老一辈的年龄大了，他们想动手的话也做不出来了。做剪刀非常辛苦，像我们父亲一辈的话，他们基本上平均 40 岁就被淘汰了。手工打制剪刀没有体力的话怎么打？每一下都要上百斤的力量。铁块快速变形，效益才会出来。

采访者：对，那在这个过程当中施老师教了您什么呢？

丁纪灿：就是整个剪刀，从材料到配料，再到制作的全过程，老师是无私的，全教给我们了。我们也能够熟练地掌握了。

采访者：有没有哪一道工序他会说得特别详细？

丁纪灿：每个点上，师傅都说得很详细的，因为我们每天都在练习。你不停地工作，他不停地在旁边找出你的缺点。然后我们就在现场问师傅是不是这样的，到他点头认可了为止。

采访者：举个例子吧，我那天来的时候是看到这个嵌钢的工艺，据说一般人都很难把那个槽钢嵌进去，您一锤子下去就能够让它完全嵌进去，这个技艺在您没有拜师之前就可以做到的吗？

丁纪灿：拜师以前，我们厂里的剪刀嵌钢，都用电焊固定的。手工的话，要先中间开一个槽子，需要经过不停地实践，才能敲进去。

采访者：那也不可能特别严丝合缝，是吧？

丁纪灿：厚度上说，最好那个钢片比槽子稍微宽一点点。如果钢片过薄、过厚都会产生问题，大小自己要把握好。学的东西很多，几十道工艺学下来了也很困难，就是这样点点滴滴地几年实践下来，现在勉勉强强能够应付。

采访者：**您现在判断一下，这样跟老师学了7年，如果说您原来是七成的水准，那您现在能到八成九成了吗？**

丁纪灿：手工锻制技艺其实对我来说是一个全新的概念，跟我们厂里机械制造剪刀是完完全全两回事，没有可比性。

采访者：**丁老师，还有一个啊，我们能不能从一个很业余的、不懂这个剪刀技能的角度上说明白，施老师到底强在哪里？**

丁纪灿：他有高超的剪刀制作技能。

采访者：**能说得具体一点吗？**

丁纪灿：拿我来说，有人来找我修理用过的剪刀，有时修好后拿到手上他不太相信，感觉用着比以前新买来时还要舒服得多。那我的技能怎么来的？就是在老师不停地指点下才达到这个水平的。所以说许多人看到我们的产品竖大拇指，其实应该给老师竖大拇指。

采访者：**那还有一个问题，我们张小泉剪刀手工锻制工序有72道，你觉得哪几道是最重要的？**

丁纪灿：我觉得一个是"出头"，一个是"合缝"，这两道工序，是两种技术的融合，整个过程的火候把握相当关键。如果火候过了，钢铁都要碎的，会出现各式各样的毛病。用以前老师傅专业的话来说，就是会有"夹灰""断钢""开头"等毛病。"开头"就是钢和铁没有融合好，裂开了；"断钢"就是某个地方火候太过了，裂开了；"夹灰"就好像有条裂缝了，剪刀美观上面有影响了。还有我们说的"脱顶钢"，就是说它刃口部位的钢太靠剪刀尖部了，导致成品的时候剪刀根部有一两毫米没有钢，这样的话这把剪刀就废掉了。所以方方面面你都要把握准，把握得很精准，才能够有好的产品出来。所以说传统技能其实都是不容易掌握的。为什么呢？因为这是我们中国文明几千年的积淀。老一辈师傅们在工作实践当中不停地改进自己的技能，提高产品的质量，这其实就是我们中国传统文化的一种精华。

采访者：**那在这72道工序里头，除了您刚才说的，还有什么是您认为比较重要的？**

丁纪灿：其实都是一样的，每道工序都很要紧的。按照我的观

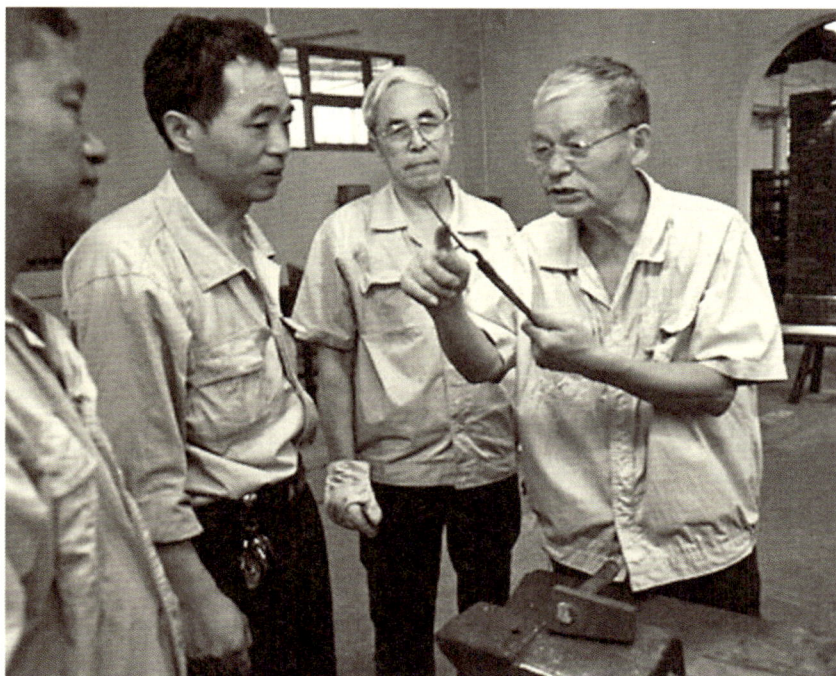

师带徒

点，没有一道工艺是不要紧的，比如说我个人的产品，现在都有我的个人特点了。我不一定完全要按照老师的经验，如果说老师反对的话那我就没办法了。老师如果不反对的话我就要有自己的个性，但是也要把握一个度。我是在保持非遗传统技能的基础上——至少要有非遗的原貌，然后再做适当地改进、提高。比如说怎么样使产品更加美观，怎么样使产品更加有质感，使剪刀成为真正的手工艺品，让买我产品的人能够感受到，做这把剪刀的这位艺人将相当多的心血放在里面了。他买的不是剪刀，其实是一个手艺人的文化传承，人家能够看得出这方面的东西。

采访者：丁老师，您很小的时候，对剪刀有记忆吗？或者说这个职业对您很有吸引力那是什么时候啊？

丁纪灿：一开始做剪刀，是因为我家里条件不是很好，爸爸因为得了肺尘病，早就丧失了工作能力，所以为了减轻家庭的负担，我 16 岁就开始工作了。

采访者：最早是做什么啊？

丁纪灿：许多工艺都做过，我们制作剪刀的工序除了打制之外，中间加工过程当中的许许多多工艺我都做过。

采访者：比如说哪几道工艺？

丁纪灿：比如说"压缝"，因为想要剪刀剪得下布的话，它的平整度、剪布的角度啊，方方面面要素都要把握的。我反正是革命工作的一块砖，哪里需要哪里搬，所以说我学得比一般人要多得多。

采访者："张小泉"整个发展史是有跨时代意义的，因为原来的时候都是纯手工打制，20世纪60年代的时候，已经稍稍有一些机械化在里面了。

丁纪灿：对，那时已经是半手工半机械操作了。

采访者：丁老师，那个时候，那些老艺人，包括像施老师这一辈的老艺人，内心会不会有一点点失落？因为原来都是自己打剪刀，都是有品牌的。面对这种手工和机器的竞争关系，个人会不会觉得有一点点沮丧？

丁纪灿：没有。他们最初打剪刀的时候是纯手工的，但是后来可以用机械替代了。比如说有人创新了，他效益就上来了。因为当时那个年代，剪刀师傅在合作社里的话，你家庭条件在生活上是中上的。为什么中上的呢？比如说像我老师，他是做剪刀的，我们叫"钳手"的——是代表着这个行业最高水平的人，能够把握整套程序的，一个小团体里面，他是老大，他说了算，剪刀怎么做啊，后面该怎么做啊，做到什么程度啊，都是由他指挥。如果在旧社会的话，一个做钳手的人相当于家里有三亩地，有这种说法。一个小家庭如果有三亩地的话就可以不愁吃，不愁喝了。那你是不是就是中上水平了？

采访者：对，其实那个时候也是手工技艺仍然还是占主导地位的，只是有一部分环节被机器替代了？

丁纪灿：是的，许多地方它用机械替代了。后来机械替代的工艺越来越多了，那也是我们师傅他们不停创新的结果。利用机械，省时、省力不少。手工的话，你要把左右两片剪刀片整出新形状的话，只能用钳子不停地调整。此外，要做到光洁的话，需要不断打磨。但你用机器冲压的话，一下子就完全一致了，看上去也更加美观漂亮。反正就是越来越先进的，技术进步终归是老一辈集体智慧的结晶。

采访者：丁老师，您其实也是跨世纪的一代人，您现在正是在人生最精华、最有成就的一个年龄段。那么我们这一代人，或者是更年轻的人就会觉得，那个机器做的那些剪刀又快又漂亮。在这种现代的社会环境下，一把手工打制的剪刀到底有什么意义呢？

丁纪灿：我也说不清楚，真的。但是，我手工打造的痕迹能讲出故事来，我的作品，也是现代工艺，别人是没有办法模仿的。如果说要模仿的话，成本也是相当高的。因为我的产品有个人的特点，有自己的思想内涵在作品里面。我想继续往这方面努力，如果稍微有一点点成就的话，我也是很满足的。

采访者：我明白了，就是在这种时代飞速发展的环境下，其实手工的技能它真正的生命力可能就是在这里？

丁纪灿：对，就好像人家说的收藏品一样，有内涵的人能够看得出这个手艺品它不简单。但是也要有市场，因为成本太高。现在市场需求量不是很大，有需要的人他也找不到我们，这就需要媒体给我们加大宣传。传统产品确实有许多地方是机械没有办法替代的，比如说像我们"张小泉"的传统产品，至少"钢铁分明"的产品，你在市场上见不到的。还有主要的一点你要记得，现在许多 60 岁以上的人，过来买我们这把剪刀，也许就是冲着我们传统手工来的。现在，买一把二三十块、三四十块的剪刀，产品看上去很漂亮，价格比手工制作的还便宜，质量上面跟我们传统的剪刀是否是一样的呢？其实是不一样的。比如说，我按照传统手工做出来的剪刀，它也许能用一辈子。老一辈的家庭主妇，她用的剪刀修修磨磨，也许一把剪刀从她出嫁的时候开始，一直用到死，然后留给子女。只要你使用得当，手工剪刀它就这么耐用，远远超过现代产品。

采访者：我们家就有一把"张小泉"的剪刀，用了好多年生锈了，在锈的那个地方套一个塑料的抓手，但是也觉得它坏不了。

丁纪灿：坏不了，它可以磨的，经久耐用的。现在的产品它美观是美观了，但是耐用性没有那么强。

采访者：这是为什么呢？

丁纪灿：现在产的剪刀，钢口的硬度没有我们传统剪刀好，为什么要好钢用在刀刃上，当然有它的道理。许多人心里对手工锻制的剪刀怀着牵挂的，这在我们这个活态展示馆里会经常碰到。每个月都有一两个人拿一把父辈、爷爷辈留下来的老底子剪刀过来，让我整理干净，弄得美观一点、舒适一点，拿回去收藏，留个念想。还有许多外省人找到我们这里，专门来买一把手工剪刀，因为觉得现代的产品没有办法跟传统的相比。我曾经碰到过一位江西老表，他说从没买到过用起来这么舒服的剪刀，很真心地给我们一个赞美。

还有一个人找我修补剪刀。我花了一个小时，收了他十块钱的加工费，付出跟得到的其实根本就不成正比。花10分钟时间修整一下，其实这把剪刀也能用，但是我还是要好好给他弄的，因为人家相信我了，我有十分水平的话，我不能只用九分，应该把最好的交给顾客。这样的话我们才能够赢得他们的满意。

以前手工打造的剪刀尽管要生锈——这是它的致命缺点，而且美观上面也比不过现代的，但是老东西非常耐用。特别是手艺人，他每天都要用剪刀，磨损得厉害，现代剪刀经不起这么损耗的。但是用得少的话，还是要数现代剪刀实用。比如说家里缝缝补补的人，剪了一次袖头，可能一个月或两个月再会去用一次。那现代的产品也很好了，是不是这样的？美观漂亮，又不会生锈。

采访者：丁老师，您刚才说修补剪刀花的这一个小时，可以说是您的努力让一把剪刀又延续了它的生命。

丁纪灿：而且让它的生命力更强了，许多人甚至认为买来的时候都没有修补后用得这么舒服。付出了你才会得到，比如说一般的产品做到五分好，我只要花5分钟就够了，原来不能用，我修补后能够用了。你这样收他十块钱也能够收得下的。但是我如果花个20分钟，也许就提高到了六分好了。因为手艺这个东西有许许多多的门道在里面，你技能不到一定程度，你是看不出门道来的。剪刀前面、后面每一个点上面都可能出现细小的毛病，哪怕我们厂里的新产品也是一样。新产品都要经过检验工序，新产品出厂了，就是合格品了。及早发现小缺陷，并把它修整完好，这需要技能达到一定高度的。

采访者：丁老师，我听说"张小泉"的剪刀一下可以剪120层的布，是真的吗？

丁纪灿：是的，剪120层布其实不是吹牛，随便剪剪，但是要用稍微大一点的剪刀。有一次，浙江卫视到我们这里拍摄，我们厂里当时有一把剪过100层布的剪刀，但是这把剪刀在演示的过程当中出现了一个小小的问题。因为当时是我在演示，有些紧张，脚有一点发软了。这个小问题场面上虽然看不出来，但是我们手艺人一看是能够感受到的。这方面我与师傅有一点冲突，我认为传统的东西不能够一成不变，镜头下面尽管用自己的技巧、方法给它成功完成。我自己做的手艺品，能够在原来的基础上面提高一点，那不是更好嘛。所以说我做的手艺，一般在取材的时候就开始花功夫了，给它稍微加粗一点，想法改善，弄得结实一点。一般剪刀吃不消的硬度，我的剪刀照样能够剪得下。

采访者：那在这个过程当中有没有一个标准化啊？比如说一把5号剪，或者是一把3号剪应该用工是多少？钢是多少？最后的成品有多重？这些是有一个固定的量化的标准吗？

丁纪灿：我们厂里是有量化的标准的，但是它是机械生产的量化标准。

采访者：如果手工呢，有标准吗？

丁纪灿：手工的剪刀，我认为有个人想法加进去的。比如说手工锻制方面它是用榔头敲击的话，会有许许多多的凹痕。如果你想要把产品做到精致，同样材料，可能不是很结实了，那就需要你把想法加进去。还有一个好经验，就是要不停地找毛病、找问题。

我这样认为，如果说换一种方法能把剪刀做得更精美，我为什么不用啊？我试试看不要紧的，如果老师反对的话就偷偷摸摸地试一下，也许你技能上面也会有一点小小的长进。因为整个手艺是你不停探索的过程，艺无止境的。

采访者：那您刚才说，在剪100层布的这个过程当中，您跟施老师有一点点矛盾，那到底是什么矛盾呢？您刚才也没讲清楚。

丁纪灿：比如说，我根据实际操作的需要，把材料加厚。有时我没有经过老师同意就自己偷偷地干了，出发点是好的，只是没解释清楚，所以有的时候老师也是有埋怨的。他会说，我们以前不是这样的，我们以前做剪刀，材料就是那样的，你用那么多，这样就是浪费。

采访者：那是不是事实证明您是对的？

丁纪灿：那谈不上，因为我现在还是在学习过程中，尽管有些情况不能以老师傅的方式去解决新问题，但我们对老师傅的意见还是要尊重的，哪怕我学会了，也做老师傅了，老师在旁边指教，我也必须尊重他。

采访者：我们还有一个问题，您再过一段时间也会收徒弟吗？

丁纪灿：说严重一点，我都想走人了，不想干这一行了。

采访者：为什么？

丁纪灿：收入实在是太低了。不瞒你说，我现在每周工作6天，我发到手的工资你知道是多少？2640元。真的要流泪了，真的不想干了。说实在的，我随便弄个保安做做的话可能收入都比这高。这么苦的活还要干，手上指纹都没有了。戴着手套工作的话，你的效益更加出不来，不戴手套，手上指纹都被磨掉了。

采访者：那您还会坚持吗？

丁纪灿：说不定呢。虽然我们对做剪刀这行怀有很深的感情，也很喜爱，但是人必须要生存的。真的，随便做一行的话都要比这一行收入好，为什么我还要继续坚持下去啊？真的，有时我很困惑。在我们杭州手工艺活态馆，保安收入都达到3000多块钱一个月了。有的时候人家来采访我的时候，我有几次差点流泪了，真的。

采访者：那在这个过程当中，施老师是什么态度？

丁纪灿：老师年龄已经大了，80多岁了。他到这里来走一趟的话，说实在的，其实就是对剪刀充满了感情才会过来的。

采访者：如果我们的呼吁能够改善一些生存环境呢？

丁纪灿：收入不高的话肯定是干不下去的，真的干不下去。

采访者：丁老师，有没有可能回到厂里去，厂里会不会好一点？

丁纪灿：我本来就是厂里开的工资，但是我又不能回厂里去，我要在这里（指杭州手工艺活态馆）做非遗的。现在传统打剪刀这种项目，就是需要（政府）扶持的，要不然的话它是没有生命力了。要做出一把好的剪刀是非常不容易的，做出一把有个性的剪刀更加不容易。我的手上曾经有一把剪刀卖到2000块钱一把，当时有个国外友人拿走的。如果对传统手艺情有独钟的人多一点的话，那么我们也很高兴，但是实在是太少了。

采访者：那在这个锻制剪刀的过程当中，您觉得能不能减少点工序？

丁纪灿：可以的。我现在正在考虑优化工艺。比如说，传统的剪刀里口是平的，而我做出来的剪刀全部都是凹的，这里面有我个人的想法的，即便老师反对我也不听，坚持这么干。为什么？我认为这样做使我制剪的效益上去了，还使剪刀使用性也更加强了。

采访者：为什么使用性增强了呢？是更锋利了吗？

丁纪灿：比如说剪刀片磨砂的面，一般是平面磨砂，我把磨砂面做成中间凹进去的。这样它摩擦的面就小了，剪起来就更加舒服了。尽管技能上我还有许多要学习、实践，特别是跟老师做出来的传统剪刀比起来，但我想，至少这方面的创新想法应该是对的。

老师的技艺要学，新的作品也要出来，因为市场还是有一定需求的。为什么啊？因为我们要生存嘛，所以包括博物馆、我们厂领导都是鼓励我做新的东西。做新的东西要有新的想法，我的手艺品有我个人的烙印，跟师兄弟做出来的是有区别的。我掌握了一个基本点，就是要在保持非遗原貌的基础上去改进、去创新。

采访者：那您所说的这个非遗原貌是哪一个环节要保持这非遗原貌啊？

丁纪灿：比如，传统的剪刀脚是圆的，而我做出来是八角形，但全程仍然都是手工锻制。之前，全中国都没有打出来过这样的剪刀，我是第一个这样做的，那对不对，我现在还不敢确定。但是我还是认为自己的作品必须要有自己的想法在里面，至少要让人感觉你有心思花在上面。

采访者：您说的那个八角形是指轴心的钉的那个孔吗？

丁纪灿：不是，是剪刀的脚。您捏着手上的把手，传统的就是圆的，从根部到下面。凡是我做的手工剪刀都是八角形的，没有特圆的，但是老师教的是圆的。

采访者：那哪个更快呢？

丁纪灿：快是一样的，不影响剪刀使用的。就是形状上面好像更有个性，跟老师做的有点不一样，其实也算翻版吧。

采访者：老师愿意打成圆的，圆的是不是更费时间？

丁纪灿：圆的更省力，而打成八角形要花费更多的时间。我认为应该进行创新，非遗没有绝对的"原貌"的，各朝各代都在改进，这是我个人的想法。但是如果老师坚决反对的话，我也会停止这么做的。

采访者：施老师如果对这个有不满意的话，他会怎么表达？是不说话，还是要批评你啊？

丁纪灿：我首先是要跟老师交流，他如果不点头，也没摇头，那我就这样做了，打擦边球的意思。幸亏市场还是比较认可的。比如说，传统剪子一开始卖 100 元、150 元一把，两年前我的剪刀价格提到 200 元，一样有人买。去年上半年开始，剪刀我卖到 280 多块也照样有人买，而且供不应求，个性产品啊。今年我有一把剪刀卖到 2000 多元了，说明只要有人喜欢，就有市场，尽管大多数人认为花这么多钱买把剪刀不值。但是如果能看到手艺人有许多心思花在里面，产品很有个性，他就会喜爱，就有购买的欲望了。

又比如我做的"迷你刀"，整个长度能够放到火柴盒里面，也是手工打出来的。为什么要做这把剪刀呢？虽然做得很累、很苦，烧红加热的时候，钳子都钳不牢，花的心思比一般大剪刀要多得多。但是只要有心血花在上面，人家一见这把剪刀就觉得很可爱嘛，所以销路一直很好。

采访者：那我们再回头来说说施老师，施老师是不是最擅长制3号剪的？这种老剪刀有什么特点啊？您拿着这把剪刀给我们讲讲。

丁纪灿：老剪刀的主要特点就是嵌钢，钢铁分明。就是剪刀有一点钢性的，铁跟钢两种颜色的金属，你通过磨了之后能够看得出

2014 年 3 月 22 日，第二届皋亭观桃节活动中，市级非遗代表性传承人丁纪灿为群众磨剪刀

来，一眼就能够看得出来。田汉先生参观我们"张小泉"的时候作过一首诗的，其中就有一句"钢铁分明品种稠"，这是我们"张小泉"传统产品的最大特点。现在这种传统产品也越来越少了，专职做传统剪刀的只有我们两个人在做。所以你要"钢铁分明"的，就需要像我们这样用铁锤一锤接着一锤敲打，一把剪刀要打几百锤才能够敲出来。市场上面 10 块钱、20 块钱一把剪刀也有，但是你看不到它内在的东西。比如说它钢不硬你又看不出来，它不耐用啊，稍微用了一下就扔掉了。有的顾客就是要便宜，我有一次到河坊街去搞展销，当时买菜大妈很多，她们说平常看人家卖的剪刀，同样形状的 10 多块钱一把就够了。但她们不知道那剪刀把手后面的这个脚，它是用一根铁丝焊接在里面的。如果要剪 10 层、20 层布的话，一剪下去它的脚马上就发软了。她们想买张小泉的剪刀，又想 10 块钱能够买得到。这点钱要买一把手工剪刀是不可能的事情。但是就是碰到这类人你怎么办？只有自己摇头了。

采访者：其实很多人，比如我也只是听个名声，或者是看个外形。那您能不能从专业的角度上对一把剪刀做个评价，教给别人到底什么样的剪刀是好剪刀。在选剪刀的时候，大家到底应该注意什么？

丁纪灿：剪刀上面的技能其实是无底的。我现在已经是学了39年了，还远远不够，说不清道不明。但你哪怕只做过一两年，手上捏把剪刀就能够感觉到它的好坏。首先看品牌，比如说我们厂里的产品，我们钢口有一定的质量标准的。剪刀的头部、长度、宽度、窄度、总长度全部都有标准的，标准化生产的。包括我们手工剪刀也是这样的，按照图纸来的。对于一般的剪刀，还是要相信品牌。我们"张小泉"人们口口相传出来的名气，所以说喜欢的人还是越来越多。

采访者：那您说我在市场上买一把剪子，我怎么能判断这剪子是个好剪子呢？

丁纪灿：你首先要看品牌嘛，没有品牌的东西你肯定就不知道它使用的材料。材料你看不出来的，比如说，它的钢口能够加火加到多少。它哪怕是好钢的话，在淬火工艺上如果稍微有个马虎的话，这把剪刀也是没用场的。

采访者：那淬火工艺怎么看出好差呢？

丁纪灿：你是看不出来的，关键就是在这里，全凭做的人的良心了。

采访者：那个淬火怎么就算是好的呢？

丁纪灿：淬火，怎么说呢，我们老师传授的是叫"杨梅红"，这是代代相传的，炉火烧到钢跟铁到"杨梅红"的程度，就是可以高温冷却了，马上高温冷却。

采访者：那怎么判断它已经到了呢？

丁纪灿：看颜色啊，就像杨梅红了，可以吃了，成熟时的那个颜色叫"杨梅红"。

采访者：那杨梅也有略熟和比较熟，以及特别熟的区别，那颜色差别很微小啊？

丁纪灿：但是它是红的颜色啊，稍微有一点差别不要紧，反正到了"杨梅红"就是了。我们剪刀手艺人就是这样去操作的，剪刀加热到"杨梅红"，淬火。但是我也在这方面有所新的尝试，我就偏偏比老师说的杨梅红再烧得红一点。这样的话钢口更加硬了。手艺其实也不能够一成不变的，这点我感触很深。

因为头部的话烧到"杨梅红"，根部可能还没烧到"杨梅红"。因为头部它面积小，窄，加热快；根部面积大，厚。烧不到"杨梅红"淬火的话，它的钢硬度就不够。手艺的东西没底的，也许你花很多心血啊，也会失败的。

采访者：那怎么办？怎么解决这个问题？它烧不到"杨梅红"怎么办？

丁纪灿：其实这是老师们的实践经验，老师他说"杨梅红"，那我们就烧到"杨梅红"。我自己如果有新的想法，也只能在"杨梅红"的基础上面去想，去改进。比如说剪刀打制的过程，1号剪的头部规定长度是98毫米，那我打到100多一点点啊，至少是超过100毫米，折回的时候给它磨短一点，就刚刚达标。那么它前面窄的地方，钢口不硬的地方刚好给你弄掉了，那么打出的剪刀也许更好一点。所以说手艺这活，是艺无止境的，老师把老一辈制作剪刀的方法告诉我们，我们要在他们的基础上进行改进。我们对老师要有足够的尊重，如果我们做一些改进，老师也不会怪你的。

采访者：丁老师，我觉得您肯定有好多的绝活，比如剪刀根部打成的这个圆，怎么才能那么圆呢？我原来以为都是机械化做的，原来是手工打出来的，我都很难想象它怎么那么匀称。

丁纪灿：这就靠用心了，做圆的时候你要多花点时间，你要给它打磨光洁一点。所以说我们平均一天也只能够做一把手艺剪刀，也就是要把产品做得好一点。像我做新品的话，有的时候，一个星期就只能做一把剪刀。

采访者：那天我去手工艺活态馆的时候，看到磨剪刀还有不同的磨刀石，有长的，有短的。这磨剪刀也很费劲吧？

丁纪灿：打剪刀每道工艺都很费劲，其实磨工我是没有我们师兄弟好。我主攻的方向就是不停地改进传统产品，对有需要的几个地方进行改进。那天你也听到有人埋怨我师弟做出来的一把剪刀有毛病。人家说我师弟，其实也是在说我。这是在打师傅的脸，真的。做弟子的我们就要为老师争光，所以说必须要做好每件事情，也要有些改进。也许老师看到了不能够接受，因为他觉得我们传统的不是这样的。但是我们在传统的基础上适当地加一点改进，做出来的东西能够更加好，那为什么不试试看呢？就是像我刚刚说的，我们传统的剪刀脚就是圆的，但是我做成八角形。这种更有个性，而且喜欢的人还更加多。如果永远只是老样子，没有新的剪刀式样出来，人家看也看厌了。创新有创新的好处，是吧？

采访者：那在这个过程当中您会觉得哪些东西，比如说嵌钢啊，或者说那个轴心的选择啊，是必须保留，不能丢掉的吗？

丁纪灿：每一道工艺都是一样的，手工艺是非常严谨的东西。环环相扣的几十道工艺，成就一把成品。说得直白一点，磨剪刀片不是我的擅长，我起先手工磨什么的都学过。但现在如果说有一个人跟我一起做剪刀，我什么都懂的，他就在这道工序上面比我强，最后做出来的成品甚至可能比我的还好。但是只要我前面基础打好了，然后专攻后面这道工艺，那么我以后进步会更加的快，出来的成绩会更加多。

采访者：丁老师，您说这剪刀的两片是那种"夫妻的合璧"哈，那这个剪子合到一起的时候怎么才能既在外形上均匀，又用起来得心应手呢？

丁纪灿：这个要看你手艺人的眼光判断，这是有标准的。

三、施金水儿子施永潜访谈：他是一个很高尚的人，真的思想好，工作也好

采访者：永潜，施老师他既是一个手工匠人，又是您的父亲，您觉得他是一个什么样的人？

施永潜：我父亲他是一个很高尚的人，真的思想好，工作也好。他对家里面，对我们是很严格的，他很吃苦，教我们也要吃苦，要去劳动，平常就这么教育我们的。

采访者：你在这个过程当中有没有产生过逆反想法，说现在日子过得好了，你干吗还让我们干这些？

施永潜： 这个有的，现在我也年纪有一点了，60岁了，他还要叫我去一起创业。我说，现在我也有孙子了，孙子也7岁了，要管孙子了，不能自己到外面去拼搏了，但是他要发火的，要发火的。

　　采访者：您小的时候有没有跟着父亲到剪刀作坊或者到厂里面去看打剪刀？

　　施永潜： 去过，到张小泉剪刀厂里面去看了，以前老的厂没有去过，就是杭州大关路新的厂，是专门去的。那个时候我还很小，看到他们打剪刀很苦的。

　　采访者：您看到那厂房里是什么样子的？

　　施永潜： 很破的房子，乌烟瘴气的，他们那时候打剪刀都是用炉灶烧的，炉灶烧煤，都很脏很脏，我们就专门去看，没有事情就去玩。看到父亲这么辛苦要养活我们兄弟，我家有四个小孩。

　　采访者：那个时候他在干什么呢？那时候他有多大年纪啊？

　　施永潜： 他在那个时候就是用手工打剪刀，那个时候他有多少岁我也记不清了。

　　采访者：那个工艺很难吧？

　　施永潜： 难的，要靠手工打出来的，不像现在就用机器，以前都是手工打出来的，用煤烧出来的，工人干活是很苦很苦的。

　　采访者：但那时候施老师还是很喜欢这个工作的。
　　施永潜： 嗯，他很喜欢的。

　　采访者：您知道您父亲为什么喜欢从事这个行业吗？

　　施永潜： 他就是要做这一行，而且他一定要比人家做得好，他就是很专业的。他干活一定要比人家先进一点，他就是这个脾气，干什么事情都是这样的。

　　采访者：咱们就从头开始说说，为什么施老师十四五岁的时候就干了这一行，那时候他是怎么走上做剪刀这个行当的？

　　施永潜： 因为我父亲老家是萧山的嘛，过去那边很苦的。当时，我爷爷儿子多，就让我父亲跑到杭州学生意了，就是打剪刀，拜了一个师傅，从此他就爱上了做剪刀这个工作了。

采访者：这是您父亲后来跟您讲的吧？

施永潜：是他跟我讲的。他说那时因为家里面穷，爷爷有五六个儿子，家里养不活的，所以我父亲他自己跑出来了，就是他一个人到杭州来的，其他的兄弟还在农村里。现在还是农村里好了。农村里都富了，但是做工人的话也是一般般。

采访者：当时有那么多行当，什么脚夫，去饭馆当个跑堂的啊，怎么就做了打剪刀呢？其实那时候做剪刀在杭州来讲是一个很普遍的职业，是吗？

施永潜：对，也很苦的，他就喜欢这个行当。究竟他怎么喜欢，他也没和我说过。

采访者：当时都是在私人作坊里干活，然后由一些老师傅带着，如果你做得不好的话是要挨打的。

施永潜：是的，我听我父亲说过，那个时候师傅要打的，所以说他特别用心，一定要把这个技术学好。现在的师傅骂都不好骂，以前你做得不好除了要挨打，饭都没有得吃。所以当时我父亲特别用心，因为你干不好要被打，饭也没有得吃，肚子饿着。

采访者：中华人民共和国成立以后，他其实才 20 多岁，施老师应该是 1933 年出生的吧，你们给他过生日不？

施永潜：过生日我们也不过的，他是不让我们给他过生日的。现在他一个人住着嘛，给他买菜买得好一点他都要骂我们的。他很喜欢吃甲鱼，一个月要吃一次到两次，那么我们去给他买，因为他年纪大就给他买得好一点的，我们拿进去他就给扔出来。

采访者：是吗？你买了多少钱一只的甲鱼？

施永潜：一只甲鱼六七十块，这个算好的。他自己到菜场里去买，买 20 多块钱一只的甲鱼。20 多块的甲鱼真的不好吃。

采访者：你吃过甲鱼吗，自己在家里？

施永潜：没吃过。

采访者：**其实到 20 世纪 50 年代的时候，施老师的人生和命运都发生了转折，他过去就是学徒工，或者说他已经成了一个能够独当一面的一个手工艺人，但是到了中华人民共和国成立后的 50 年代呢，他就变成合作社的职工了，这个对于一个人的身份来讲其实是有变化的，那个时候不知道他是一个什么样的心态？**

施永潜：后来就是我也进张小泉剪刀厂了嘛。这个时候他已经是车间里面一个书记，又是主任，他把劳模、先进生产者这样的荣誉都让给人家，自己家住的房子很破烂，我曾向他要求改善一下住房条件，他说这样住住就好了。有一年，韩国电视台到我们这里来拍电视节目，韩方工作人员说你们这个老先生怎么住这么破的房子？他们以为我们住得很好的。后来拆迁了，我们拿到两套房子，他才有新房子住。原先我们要到剪刀厂去提要求，给我们家安排住房，我父亲他要打我们的，我们很怕他的。

采访者：**他不允许你们去向单位提要求？**
施永潜：是的，他不让我们向单位去提这种要求的。

采访者：**施老师对自己的要求是很高的。**
施永潜：他就是一心为国家，为人民服务，他就是这个想法。

采访者：**20 世纪 50 年代做剪刀的时候，施老师是很有创新精神的，您知道他当时创新的一些情况吗？**
施永潜：他主要对手工打剪刀进行了创新，其他的我也不知道了，后来都是改用机器了，机器制剪的工业创新我们都不知道了。

采访者：**那您在剪刀厂里的时候做什么？**
施永潜：我是剪刀厂电工，我没有做剪刀，就是电工嘛。

采访者：**那您为什么没有学习施老师的技艺，人家都说子承父业，您为什么不干这个啊？**
施永潜：那个时候电工是最好的，有技术，他干的这种活却是最苦的，很苦的。

"非遗"传承人施金水表演张小泉剪刀锻制技艺

"非遗"传承人施金水向小学生介绍张小泉剪刀制作传统工艺

采访者：怎么个苦法？

施永潜：累了，汗流浃背的，天气热的时候他身上痱子都很多很多的，他对着一个炉灶打的，这边在烧，人站在那里，你说累不累，很累很热。一般身体差吃不消，很累的。我父亲身体很好的，现在他早上嘛，在练武术，打打太极拳，所以他的身体特别好。

采访者：施老师现在一般早上几钟起来？

施永潜：他三四点钟就起来了，去走路、打太极拳，你别看他已经 85 岁了，可是力气都还很大呢。跟我们比还是他身体好，他这个脸色都比我们好，好多了。

采访者：虽然您母亲去世了，很遗憾，但是过去两位老人家都还蛮恩爱的，您母亲也是咱们杭州人吗？

施永潜：杭州人，她是热水瓶厂的，做热水瓶的。

采访者：当时您母亲是怎么支持施老师这个工作的？

施永潜：我母亲她对我父亲是百依百顺的，家里面家务事干好，等我父亲回来吃饭。因为我母亲想，我父亲在外面干活这么苦了，回来再叫他买菜、做饭，心里过不去，所以都是我母亲给他弄好的，给他吃好、穿好。

采访者：那施老师还是个幸福的人。

施永潜：是幸福的。我母亲平时很少说话的，总是顺着我父亲，如果说我母亲有什么想法不好的话，父亲他是要生气的，要骂人的。我们都看到他怕的，他要说了我们都逃掉了，让他去骂吧，父亲嘛，是吧，你和他吵什么架，对吧。

采访者：挺好，那施老师平时要教育你们的是什么呢？

施永潜：在我们小的时候，他总是对我们说，你们要学习好，读书读得好。我们长大了以后，他要求我们工作好，要刻苦，不要怕苦。他不是一定要我们去赚多少钱，就是不要到家里面来叫苦，包括对我的儿子，他也这样说的。

采访者：那您知道您父亲对自己也是很严格的吗，言传身教？

施永潜：对，他对自己要求很严很严。他后来到张小泉剪刀分厂里去，在那边去做一个小干部，负责技术指导。有时当地在厂里上班的人送他一点茭白，茭白很便宜的，但是他还要付钱的，他从不白拿人家一点点东西回来。我们到时候也要说他的，但是尽量不好给他听到的，他听到就要发火，他这个人很有原则。

采访者：**施老师的心很正，很单纯。到后来他被评为非遗国家级代表性传承人，这个荣誉是蛮高的，当时老人家是什么心情，他会觉得压力大吗？原来觉得好像就是一个手艺人，就是一个普通工人，现在变成国家级传承人之后，身份地位变了，每天那么多人来采访他，您说他当时是怎么想的，他有什么想法？**

施永潜：其实他也很高兴的，他想国家给这么高的荣誉，他应该专门到这个剪刀博物馆去。我们有的时候就说，你退休了，不要去了，这么大的年纪。他说一定要去的，还有两个徒弟在那里，要给他们讲一讲。他有两个徒弟，一个丁纪灿，一个陈伟明，他一定要去，一个礼拜最起码去个两三次。

采访者：**我有的时候会觉得在活态馆里面，有施老师这么一个老先生在那儿坐镇，而且气质还很好，那年轻人去那儿参观，就会觉得真的是有这种传承的意味在里面。**

施永潜：他就是这个意思了。

采访者：**在那儿他就是一种标志。他不用打什么，就在那儿待着，我觉得就很好。**

施永潜：他是一定要动的，一定要自己去动手打剪刀。我们有时也对他说，他这么大的年纪了，不要去了，让两个徒弟去做嘛。可他总是不放心，到时候一定要去。其实他两个徒弟都很好的，他回到家会经常说的。我说既然这样，你就放心好了，自己不要去了。我就是怕他出事，这么大的年纪了。可是他仍旧一直坚持着，现在他走路都不太走得动了，还要坚持走着到张小泉剪刀锻制技艺活态展示馆。

采访者：**心里头放不下。**

施永潜：对，他总是放不下。

施金水、张忠尧两位国家级非遗传承人协作锻制剪刀

> **采访者：** 另外，他到了那儿他自己内心有一份寄托，老在家里待着看看电视，觉得没意思。

> **施永潜：** 其实他这样做也有好的地方，如果待在家里不动，要得老年痴呆症的，所以我们也就随他了。你想，他一生就很勤劳的，不肯坐的，一定要动来动去的。

> **采访者：** 他在打造剪刀这个技艺上是最强的，他曾经打的那些剪刀，很多被当作重大活动的礼品，您知道他做这些剪刀的时候是什么心情？

> **施永潜：** 他这个心情都很好的，因为他热爱这个行当，打好一把剪刀是他最大的快乐。他这个技术我们也不知道好到什么程度，我是做电工的，他是做剪刀的，这个他自己知道，他也从来不教我们。

> **采访者：** 总的来讲他还是很爱这个行业的。

> **施永潜：** 对的，他很爱打剪刀这行业。

采访者：那你们家里的剪刀都是施老师自己打的吗？

施永潜：我们家里面的剪刀也是我们去买的，他做的剪刀从不拿回来的，都是去买来的。

采访者：那他打完以后拿回来不就行了嘛。

施永潜：他说要买的，不好拿的。我有的时候要去拿，他要骂我的。有一次我去活态展示馆，他们给了我一把剪刀。

采访者：这个剪刀是施老师打的吗？

施永潜：是他在活态展示馆里和两个徒弟一起打的。

采访者：好用吗？

施永潜：好用啊，这个剪刀真的好，这个剪刀就是钢口好。机器上面做出来这个剪刀钢口很差的，我们家里面用的都是手工打出来的剪刀，你像剖甲鱼、剖鳗，好用，它这个钢口特别好。如果机器做出来的剪刀一剪就一个缺口，一剪一个缺口。还是自己打出来的剪刀好。就是钢口很好，特别是大的剪刀。1号剪真的很好的，看上去很难看，容易生锈，但用好以后擦干净，用起来还是很好用的。

采访者：那您家里头比如说以前您母亲剪衣服，是不是也用施老师打的剪刀？

施永潜：这个要用服装剪，做服装的剪刀。家里用来剖鱼、剖甲鱼的剪刀我们都是买手工打的。因为手工打的钢好，它不会有缺口的，你很硬的东西都剪得动。

采访者：那您最后特别想要对大家，对那些还不认识施老师的人，或者说对打剪刀没有什么印象的那些普通人说点什么？

施永潜：普通人，一般像我们这种年纪也不会做这个剪刀了，但是我说送给他们一把手工打造的剪刀，他们都会像宝贝一样藏起来的，手工打的剪刀都像宝贝一样的。

采访者：舍不得用。

施永潜：对，舍不得用。

四、张小泉剪刀集团综合管理部副经理王艳访谈：施老师想把张小泉剪刀锻制技艺一代代地传承下去，这让我非常感动

采访者：王经理，您回忆一下，第一次见到施老师的时候是什么印象，对他是怎么样一个评价？

王艳：第一次见到施老师应该是我进厂之后，就是公司要筹建一个非物质文化遗产传承展示基地。那时，施老师虽然已经退休了，但是公司还是请他过来协助筹建这个张小泉剪刀锻制技艺的展示区域，地址就在我们原来大关路 33 号的地方——就是在原来张小泉剪刀厂里面，建立我们张小泉剪刀锻制技艺的一个锻打的区域，也是作为非物质文化遗产保护传承的一个基地。施老师当时在恢复张小泉剪刀锻制 72 道工序方面做了非常大的一个贡献，包括当时锻打的那些工具都是施老师他们一点一点去外面找，然后去给它恢复起来的，最后建成了这么一个展示场所，也成为浙江省的非物质文化遗产（张小泉剪刀锻制技艺）传承保护基地。这么一个锻制展示区域，

外国留学生现场体验锻制剪刀

包括那些墩头、榔头、炉灶这些都是施老师他们亲力亲为，一点一点去各个地方搜集起来的。因为很多这些老的东西其实我们厂里已经都没有了，都是去比较远的地方一点一点找回来的。尽管那个时候他年纪也有些大了，应该有70几岁了，但是他还是非常敬业，一直保持着原来张小泉人特有的工匠精神。

采访者：王艳老师，施老师有一双特别奇特的手，很多人接触过他都会对这双手有印象，您是不是也有同样的感受？

王艳：我第一次跟施老师握手的时候就发现他虽然年纪大了，但是他的手特别有劲道，这可能也是跟他打了一辈子剪刀是密不可分的，所以年纪虽然非常大，但是还非常有劲道。对，对，很精神。

采访者：在之后的过程当中虽然老先生年纪大了，但是他做了很多别人无可替代的事，因为您平时都是做宣传，跟他们接触还是蛮多的，能不能跟我们讲一个让您觉得印象很深的例子。

王艳：张小泉剪刀锻制技艺的史料，以前其实可以说是碎片化的，零散的，没有一个系统的、完整的体系。现在我们张小泉剪刀的档案相对来说是比较完整的，这是离不开施老师他们的大力协助，我们一旦有什么问题，或者需要他们协助，比如说有采访者要采访了，我们有史料要编撰成册了，施老师就会随叫随到，他好像一直保持着工作的状态，跟我们在岗人员一样。

采访者：您是否觉得施老师在活态馆工作劲头都还蛮足的，从您的眼光去看，是否觉得活态馆有一位像施老先生这样的人才镇得住，他在那儿才会让这个活态馆或者让剪刀锻造技艺工坊变得特别有生命力？

王艳：是的。施师傅是我们张小泉剪刀锻制技艺国家级的代表性传承人，所以在剪刀行业权威性方面他是非常有分量的。他也有三个徒弟嘛，徒弟之间有时候可能也会在制作剪刀技艺方面有一些不同的看法，如果两个人之间有一些小矛盾或者有不同的意见，我们施师傅只要出来说一句话，他们会以师傅的话为准。

采访者：那这样的话，老师的权威性还是能得到徒弟们的尊重的，是吧？

王艳：对、对、对。包括像一些游客，看到施师傅在的话，也会进来让我们施师傅亲自给他们做一把剪刀啊，然后再刻上施师傅的名字。

采访者：我们很想知道施师傅让您特别感动的一件事。

王艳：比如说，就像这么大冷天，我们施师傅都是非常早的起来，他即使现在退休了，也是经常一周要去个两三次活态馆，去指导徒弟，这当中都是没有报酬的。活态馆其实是早上9点钟才开门，我们施师傅每次8点半就已经到了，非常得早。然后夏天也是，酷暑天里，他也自己坐车赶到活态馆。像我们年纪轻的可能大冬天的都不愿意这么早起，他在没开门之前就已经到了，然后换好工作服就开始做剪刀，教徒弟们，哪些地方还有不完善的，都会耐心指导。他就是想把自己毕生的对于剪刀的认知，把自己掌握的一些技能，都希望毫无保留地传授给他的徒弟，他想把张小泉剪刀锻制技艺一代一代地传承下去，这让我非常感动。他几十年都是这样过来的，我觉得做到这点是非常不容易的。

附录

一、施金水大事年表

1933 年	3 月，出生于杭州市萧山区衙前镇，兄妹 7 个，排行老二。
1941 年	在村中私塾读书。
1947 年	农历正月十五，到杭州扇子巷郭立金剪刀铺当学徒，拜郭立金为师。
1949 年	5 月，由于时局混乱，扇子巷剪刀作坊暂停营业，结束学徒生涯，回到萧山务农。
1950 年	经师傅介绍，到朱世瑞、王传兴剪刀作坊当了半年钳手后，又到六步桥直街秦炳生剪刀作坊做工。
1954 年	到杭州制剪生产合作社当工人。
1957 年	被评为制剪刀钳工七级工，为当时全厂第一批 7 名七级工之一。
1958 年	杭州张小泉剪刀厂正式挂牌，施金水成了该厂第一批工人，负责剪刀的质量检测与技术指导。
1959 年	施金水参与锻制的 1—5 号民用剪被中国革命博物馆收藏。
1965 年	参与锻制的民用剪获全国剪刀质量评比第一名。此后，他参与生产的该型号民用剪刀连续五次获全国剪刀质量评比第一名。
1978 年	任杭州张小泉剪刀厂旅行剪车间副主任。
1979 年	参与锻制的剪刀荣获国家优质产品银质奖。

1981 年	任杭州张小泉剪刀厂旅行剪车间主任、党支部书记。
1983 年	因儿子顶职而提前退休。
1983—1985 年	被张小泉剪刀厂余杭分厂返聘，任技术指导员，带徒弟 25 人。
1995 年	被张小泉剪刀厂诸暨分厂返聘，任技术指导员。
2002—2007 年	在中央电视台等 10 余家中外电视媒体节目中演示张小泉剪刀锻制技艺。
2007 年	被文化部认定为国家级非物质文化遗产代表性项目（张小泉剪刀锻制技艺）代表性传承人。
2009 年至今	每周至少两次到浙江省最大的手工体验基地——手工活态馆，为公众展示张小泉剪刀锻制技艺。

二、记"张小泉"第八代传人张祖盈

"我们不但善于破坏一个旧世界，我们还将善于建设一个新世界。"当中国共产党脱下征衣，以胜利者和领导者的姿态"进京赶考"时，一个重大的考题迎面而来——如何在半封建半殖民地的社会基础上确立社会主义公有制度。

1953年，中央全面开展农业、手工业和资本主义工商业的社会主义改造运动。手工业第一次不再由单个手工艺人独自传承、发展，一些千年工艺因而趋于鼎盛；而当年那些积极响应公私合营的"资本家"，他们的命运沉浮更是见证了那段轰轰烈烈的历史。

张祖盈，1895年生于杭州，毕业于浙江法政学校第一期。他在张小泉剪刀发展史上具有举足轻重的地位。

1909年，张祖盈任张小泉近记掌门，店内的日常事务由外聘的高燮堂管理。是年，张小泉剪刀在南洋第一次劝业会上获银奖。1915年2月，张小泉剪刀在巴拿马举办的太平洋"万国博览会"上获二等奖。从此，"张小泉"剪刀不仅在南洋一带生意年年增长，而且还远销欧美，在国内更是畅销赣、皖、湘、鄂、川等省。当时"张小泉"平均每月仅门市销售量就达1万余把，销售金额接近万元。

1917年，张祖盈在上海发现镀镍理发剪，觉得颇为美观。返杭后他就和几位老师傅积极

张小泉第八代传人张祖盈晚年相片

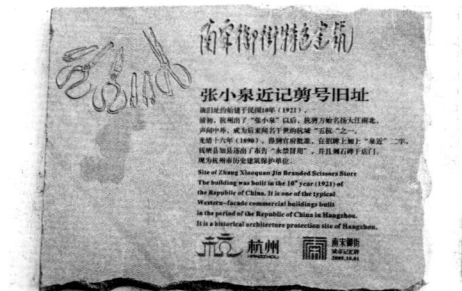

位于杭州南宋御街的杭州近记剪号旧址

研究试制，先请炉灶师傅丁阿洪把剪脚由原来的细方形改为粗圆形，并请好友陈庆生专门研究拷磨、弯脚、抛光、镀镍等工艺，经过反复改进，终于试制成功。这一改进使"张小泉"产品外观更加美观，防腐能力大为提高，一经销售，大受顾客欢迎。此举开中国传统民用剪表面防腐处理之先河，且成效显著，因而获北洋政府农商部68号褒奖。张祖盈投资5000大洋在大井巷正式修建镀镍工场，雇用师傅一二十人，学徒八九人，年产量在10万把以上。

1919 年，张祖盈受浙江病院院长、留日医师韩清泉嘱托，研制医疗用的剪刀、钳子和解剖器具。虽为生产条件所限，产品不能和舶来品媲美，更因当时的多数医生受崇洋心理驱使，"迷信"洋货，最终没能打开市场局面。但此举毕竟向医用刀剪的国产化迈出了坚实的第一步，也为日后医用刀剪的生产积累了宝贵的实践经验。

1926 年，张小泉近记剪刀在美国费城举办的世界博览会上获得银奖。

1929 年 10 月，中华民国政府浙江省主席张静江在举办首届西湖博览会时，特邀张小泉剪刀参展。会上，中外客商争相订购，一时成为"西博会"的抢手货。"张小泉"剪刀因而获得首届西湖博览会的最高荣誉——特等奖。在西博会期间，张祖盈在店堂里安装了电话，加大广告宣传力度，除了在报刊杂志等各类刊物上登载张小泉近记广告外，还到处张贴广告，制作霓虹灯，甚至在市内公共汽车以及郊外长途汽车上都挂了美术广告牌。张祖盈还推行剪刀"三包"制度：包退、包换、包修，深受用户欢迎和市场肯定。这年，张小泉剪刀产量达到 160 万把，创历史最高纪录。

2004 年，据原张小泉近记剪刀店股东张金宝老人回忆，在首届西博会期间，张祖盈还在旗下（现解百地块）又开设了两个张小泉近记分号店面，又名"国货陈列馆"，生意十分红火。1938 年，杭州被日军占领，陈列馆改为日本商人开设的白木公司。

1937 年，日军侵占杭州，剪刀店被迫停业，张祖盈去上海避难。抗战胜利后，张祖盈返杭重新经营剪刀店，产品一时供不应求。据民国 36 年（1947）11 月《浙江经济年鉴》刊载，张祖盈在改组后的杭州商业剪刀同业公会中任负责人，该公会下辖 31 个商号，会员人数为 122 人，会所设在华光巷河下 4 号。

1949 年 11 月 1 日，杭州市工商业联合会筹备会正式成立，张祖盈作为张小泉近记老板，是商会筹委会的 52 名成员之一。中华人民共和国成立后，杭州社会日趋安定，近记营业生产有所好转，特别是人民政府给予低息贷款、供应原材料、包销产品等帮助，使张小泉近记恢复了生产。

1956 年 12 月，在社会主义改造高潮中，张小泉近记参加公私合营，并以其为主体，成立了张小泉近记总店。此后，张祖盈因年龄原因淡出剪刀业，于 1978 年病逝。张祖盈曾拜名老中医学习针灸，并颇有建树，平时免费为人治病祛痛，一直持续到去世前。

三、张小泉剪刀厂曾对老员工汤长富进行了采录，汤长富口述了以下情况

我是 1931 年生，13 岁时跟父亲汤锡林学艺，当时父亲开了家张小泉锡记剪刀店（现拱墅区茶亭庙 22 号），前店后作坊。我们店的位置紧靠卖鱼桥轮船码头，每逢春季，大批香客进杭城烧香，因此门店剪刀也有一定的销量。平时我们制作剪坯，大部分卖给张小泉近记剪刀店，近记在收购剪坯时，对质量过硬的炉灶才发放金折儿，金折儿可折叠，上面注明收购剪刀的数量，下为付款的金额，收购价比其他商号高出一二成，以平布 100 把为例，其他商号是 30 元，而近记为 33 元。近记有两种付款方式：1. 直接支付现洋；2. 发放钱庄软支票，支票直格式、盖有近记店章和老板张祖盈的私章，凭此票我们可以到铁行、米行和煤行购物，可见近记之信誉。当时我家的一只炉灶，一般每天打 100 把剪刀，如一批剪刀卖出，钱款到手后，马上去买材料，买到能做 240 把的材料，用两天时间打制成剪坯，等料出（把其余工序做完）平均算下来，一只炉灶可生产 80 把平布剪刀，小剪刀则还要多一些。

四、钳手访谈

张小泉手工锻制钳手，是指能够把一根铁锻制成一把剪刀的老工人，他们都须经过拜师学艺，得到师傅的言传身教。一个钳手一般都经历了学徒、三肩、死下手、活下手、钳下手五个学艺过程，剪刀行业誉这些师傅为"三考"出生。1957 年是张小泉手工锻制鼎盛时期，企业有 70 余炉灶，上百名钳手，1959 年弹簧锤上马后，这些手工锻制钳手大部分转到弹簧锤，随着岁月的流逝，如今手工锻制钳手尚健在的还有 42 名，年纪最大的已有 86 岁，最小的也已 76 岁，张小泉手工锻制技艺正濒临失传。

2006 年 11—12 月，公司"非遗"保护小组成员赵永久、童亮、张美娇三人，利用近一个月的时间，先后走访了近 40 名钳手，约请了范昆渊、施金水、陈荣堂、王马安、倪长荣、沈连法、宋金林、王桂生、吴少华、李关子、郭柏林、吕性高、钱海昌、徐祖兴、秦金木、吴财荣、钱时新、杜金泉、阮寿生、殷善垒、徐宝荣、姜求顺、张忠尧、金顺天、汤长富、陈锦铨、俞义盛、孟金林等 30 名钳

手回公司就锻制技艺工序、剪刀行规、剪刀专业术语等进行采访。以下资料来源于《浙江省国遗丛书——张小泉剪刀锻制技艺》一书。

制坯的要诀

吕性高： 钳手在锻打时，必须掌握"二先二后，六个不打"，即：先看铁，后打铁；先轻打，后重打；坯子烧烊不打、不熟不打、不均不打、不收火不打，垃圾未甩清不打，墩头不稳不打。

制坯的材料规定

姜求顺： 那时老板手里做生活，对所用材料的分量抠得很紧。如打 300 把剪刀，平布用铁 100 斤、平小 75 斤、半小 50 斤，大瓜子 30 斤；打 100 把大剪刀用煤三瓮、打小剪刀用一瓮。

钳口要活络

吴宝德： 钳手技术好不好就看你钳剪刀的这双手活不活络，钳手不活络，做起生活吃力。捧拔锤的下手把榔头敲下、举起，第二下马上又要敲了，要是你钳手动作慢半拍，剪坯位子放不好，小锤子点打不到位，拔锤要敲，敲不下来是打不好剪刀的。

冷排墩头有讲究

孟金林： 在冷排时，墩头上磨个凹势，剪刀背部位置搁在口子上，眼位置用榔头敲一下，使剪刀口子略高于背部，高出部分叫"鹅毛线"，榔头从剪刀口排出去，背部回转来，整把剪刀平直，头爿里口尾部拷平，尾部悬空。单爿剪刀只看见口线，看不到背线，两爿剪刀合拢齐生缝道，冷排排得好，剪刀平直起缝装配时容易剪切轻松、柔糯。剪刀排不好，会产生扭缝、蹋缝、倒挂缝、脱节缝等，造成剪刀剪切时夹口、剪不落等病疵。

钳手

吴财荣： 一把剪刀质量好坏，钳手负有主要责任，一把看看不起眼的剪刀头，稍不留心就会产生许多意想不到的毛病：骑马口铁、翘钢、夹灰、缩钢头、纯钢头、钢不到跟、断钢、磁钢等。

试钢

郭柏林： 剪刀行业有句话叫："好钢好煤打好剪。"好钢，现在钢铁工业发达容易得到，那个时候取好钢很不容易，辨别钢好坏又没有分析仪器，只能靠经验：用锤子敲，听声音；用手扳起来，放开，看其弹回去劲道足不足；把一头打扁放在火里烧一下，用锤子敲断看钢的颜色，辨好坏。好钢才用在刀刃上。

平布、五虎、三郎

郭柏林： 这些名称现在叫1号剪、2号剪、阔头剪，在清朝时，名称叫平面各作剪、朱漆平面剪、空面各作剪。"平"这个字有征服、打败敌人的意思，那么剪布的大剪刀是不是就可以叫"平布"，也有一种征服布料的意思，我就把1号剪叫平布剪刀，不料叫起来顺口，一段时间后就在杭州剪刀行业流行起来，现在的1号剪叫"平布"，而现在用的2号剪比1号剪小一些，就叫"平小"。3号剪相当于1号剪的一半，所以叫"半小"，而大瓜子、中瓜子、小瓜子、小小瓜子是指4号剪、5号剪，6号剪、7号剪，是指这些小剪刀做工细巧，样子像一粒瓜子，这样叫出来的。

五虎剪的造型与日常民用剪不一样，正常民用剪的剪背是一条流线形，没有突出的部分，而五虎剪的剪背中部往外突出，看上去就给人一种威风凛凛的感觉，这种阔头剪就叫成"五虎剪"。而三郎剪当时我也不知是什么道理，我的理解应该叫"三虎"，就是在剪刀头外部上面五分之三的地方突起，平时就叫"三虎"，而在剪刀头外部下面五分之三的地方突起，叫"下三虎"，至于三郎是怎么叫出来的，我说不出是什么典故，据我了解，三郎剪的剪刀背是木梳式，还有一种比喻叫"鲫鱼背式"。

拖石头、泥砖

吴财荣： 石头、泥砖开始用时，要求磨剪刀这一面是平整的，当你一天用下来，磨过的地方凹下去了，就必须把凹下去的石头、泥砖重新磨平，行话叫"拖平"。有些凹得深的石头可以用凿子凿掉一点再拖平，就稍为省力一点，但要很小心，一个不当心，整块石头就会豁裂，师傅要求徒弟不准用凿子的，必须一点一点拖平。所以以前打剪刀的地方，地上铺的石板常常有一条条的槽，这些槽就是拖石头、泥砖拖出来的，一个地方拖出一条槽，就要换一个地方再拖，拖石头、泥砖是归学徒做的生活。

下脚儿、老鼠尾巴、八角

姜求顺： 先把下脚烧红，放在墩头上打，本来很短的一段铁，慢慢地就被拉长了，而且是越来越细，就像老鼠尾巴，在接近壶瓶的地方，先打成方形，方形只有四只角，然后再在墩头上放成45度角，一锤敲下就变成六只角，再转90度，另外一对角再敲下去就变成八只角了。打剪刀壶瓶一定要粗壮，打成像老酒坛一样的样子，配上八只角的下脚，看上去就很相配，早年钳手师傅说八只角的下脚看上去给人八面威风的感觉，用今天的话来说就是壶瓶跟下脚相配，看上去顺眼。

一天能打多少剪刀

李关子：一只炉灶一般每天打100多把，没有一定数的，比如一批剪刀卖出，钱款到手，马上去买材料，能够买到做240把剪刀的材料，用两天时间打好，平均一天打120把，第三天料出（把剩余工序完成）平均算下来，一只炉灶一天可生产80把剪刀，这是指平布剪刀，小剪刀还能多一点。

企业生产的第一批军用剪

吴宝德：最早是在1958年接受的生产任务。产品大小相当于1号剪，刃口钢用的是钨钢，是特别烧上去的，战场上要剪铁丝网，手柄是用木头做的，要防止触电，据我晓得，当时做了1000把，另外那个时候伞兵刀也做过。

国礼剪的故事

姚志芳：那是1963年初。那天，浙江省外事部门的领导通知厂里，说国家主席刘少奇的夫人王光美和李先念的夫人要到厂里参观视察，而且还可能要定购"张小泉"的剪刀，让我们做好准备。这可是大事，不过，我们当时还以为刘少奇夫人买剪刀是自用的，根本不知道是当作"国礼"送给外国元首的。当时，我们全厂动员，做好了接待贵宾的准备。

几天后，王光美一行在省市领导人的陪同下，来到了张小泉剪刀厂。在对几乎所有的样品进行了挑选后，王光美看中了一套1—5号的民用剪，共定下25套。同时，她还告诉厂里的领导，说她定购的这些剪刀是为刘少奇9月出访准备的，届时，要作为"国礼"送给外国领导人。

当时，厂里决定一次性做35套，还选出了技术最好的工人、用最好的材料，工具也是最好的，用专门的炉灶进行锻造。而且，剪刀的电镀时间也从原来的45分钟延长到一个小时。

产品出来后，果然不同凡响。我们专门给这些剪刀每套定做了一个盒子，扎上彩带，存放起来。一共选出了25套送到杭州市外事办公室，转交给了王光美。

事后厂里得知，同年9月，刘少奇携夫人出访印尼、缅甸、柬埔寨、越南和朝鲜，这25套民用剪作为"国礼"，分别赠送给了这些国家的元首。

张小泉近记炉灶收购剪坯

吴宝德： 张小泉向各个生产质量好的炉灶收购剪坯，凡是他看中的炉灶，都有一张折子，相当于今天银行卡那么大，收了多少剪坯加盖一个印记，没有折子的炉灶生产的剪坯，近记是不收的，近记收购 100 把 2 号剪坯为 33 元，比其他店高 3 元，而且付现款。当时数孟金根做得最好，杨义发的剪坯也很不错，朱森林的小剪坯，沈水林、吴水根的剪坯，夏金林的徒弟、我的二师兄杨阿明的女裁，都是直供张小泉近记的名牌剪坯。

炉灶分工

吴少华： 没什么明确的规定，早先两个人打剪刀、这么多生活都要靠两个人来完成，后来人多了，就有一定程度的分工，比如学徒年纪小，开始只管管门、扫扫地、搞卫生、收拾收拾，大一点以后，学拖石头，把磨剪刀磨得凹下去的剪刀石磨平。三肩主要捧拔锤，配合上手打下脚、冲剪刀、镶钢。再升一档成为死下手，开始打钢、打下脚、扇炉灶、粗磨里外口。技术再熟练后升格为活下手，出头时捧拔锤，配合钳手出头、理头、磨剪刀。熟练后再升一档成钳下手，师傅不在时可以由他出头、理头、学着装壶瓶、细磨里外口。钳手负责出头、理头、淬火、拷剪刀。

淬火的特点

吴少华： 淬火主要看火候，剪刀头爿烧到杨梅红，一爿一爿淬火，淬火是一门很讲究技术的活儿。

弹簧榔头的由来

吴少华： 弹簧榔头是由皮带榔头、跳板榔头演进而成的。皮带榔头就是用马达带动皮带，皮带再带动凸轮，拉动铁锤一上一下，打剪刀下脚，有点像农村里利用流水的力量舂米差不多。由于铁锤下落没有固定线路，所以效果不是很好，后来在皮带榔头的基础上又研制成功跳板榔头，但使用时也不是很稳定，而且钢板很容易断裂，关键是在铁锤下落时没法固定，落点难控制。后来的弹簧锤上下有轨道，用起来就很顺手了。开始打剪刀下脚，取得成功。大家认为下脚好打，出头、理头也应该可以的，经过摸索，终于用弹簧锤代替了手工打剪刀，省工省力气。同时能保证剪刀质量，于是迅速在全厂推广，直到今天还在延用。

姚志芳： 弹簧锤是在 50 年代末 60 年代初制造出来的。剪刀师傅用机械化生产，弹簧榔头不是第一台机器，做剪刀最早的机器是砂轮机。1956 年那个时光在海月桥，就已经发明了砂轮机冲剪刀外口，后来搬到这里，做剪刀打下脚很辛苦，捧拔锤的脚下汗水成水汪汪。为了响应政府号召，开动脑筋，土法上马，1958 年至 1959 年时，企业开始研制打下脚的跳板榔头，组建的机修车间的负责人是殷善垒，后来是郭仁棠，从制钉厂请来技师乌振元，与机修车间的沈林章、乌龙华、我、姚富生、俞根发、施宝奎等人，大家敢想敢做，在当时一没有图纸、二没有现成经验可供借鉴的情况下，全凭大家动脑筋，想办法，试制出跳板榔头，虽然不是很稳，但打下脚还是比手工好。

60 年代初，在跳板榔头基础上研制成功弹簧榔头，底座是用角钢焊接起来的，使用时也不是非常平稳，这时，省手工业联社主任李茂生派省轻工机械厂一名技师来我厂，帮助攻关，花了一个多月时间，主要解决了弹簧榔头下盘不稳的问题，把用角钢焊接的底座改为生铁浇铸，使弹簧榔头下盘稳定。

剪刀下模模具的研制和开发使剪刀锻打成型有了一个统一的尺寸，这种办法是黄渭川首先想出来的。

学徒到钳手要几年

姚志芳："三考"出身的剪刀师傅有一句话，叫"三年学徒，四年伴作"，一般都要六七年时间才学完全部锻打剪刀的技术。

剪刀电镀工序

庄建祖、李厚诚、周文伟，详细列出了电镀镀缸生产流程图：

除油 → 清洗 → 浓盐酸除锈 → 清洗 → 浸弱碱 → 上挂 → 清洗 → 镀三元合金铜 → 清洗 → 下挂 → 烫干 → 软布抛光 → 除油 → 上挂 → 镀紫铜 → 清洗 → 酸洗 → 清洗 → 镀镍 → 清洗 → 下挂 → 软布抛光 → 清洗 → 上挂 → 镀铬 → 清洗 → 下挂 → 烫干 → 检验。

修磨剪刀的常识

孟小智：剪刀用的时间长了或使用不当，容易产生各种毛病，如缺口、销钉松动脱落、钝、剪不落、头部断裂等。

有些剪刀必须拆销钉才磨得好，有些不需要拆销钉，要把剪刀反背过来，放在砂轮上或泥砖上磨出来就可以了。对于拆销钉的剪刀一般上面那只眼钳肯定要换的，因为在退出销钉时已经被敲扁了，下面的垫圈大多数都不用换，但有些磨损得太厉害，也是要换掉的。

许多年做下来，碰到的问题也不少，印象深刻的说几件。五六年前，我磨过一把剪刀，磨好后拷油时感觉口咬不实，有个地方凹下去，就把剪刀翻过来放在墩头上用榔头轻轻搭了一下，只听"啪"一声，半爿剪刀头断裂飞出去了，我一看，是纯钢剪。是我敲断的，经过好说歹说，最后赔了一把新的剪刀给人家。当年我刚退休磨剪刀时，还碰到过一件事。有一位顾客手拿一把剪刀说，这把是台湾剪刀，你能不能磨。我一看，说：这有啥吃不消的。磨好后一动榔头，"啪"一下，剪刀头断了，再仔细一看，原来是浇铸的，生铁，很脆，这下那位顾客不乐意了，我说赔你一把新的，他不肯，最后赔了他二十元钱。所以我经常说：还是张小泉镶钢锻打的剪刀最好，可以动榔头，使用也很锋利。

"磨削" "拷油" 与 "淬火" 在张小泉锻制剪刀中的作用

剪刀刃口不同于其他刀具的刃口，剪刀头爿不是平板一块，而是有一弧度，要使磨好的剪刀有一条笔直的刃口线，又要使剪刀刃口两点相交，出现一条鹅毛缝的空间。剪刀必须两爿合配，口缝一致。一把剪刀要达到平直起缝，刃口锋利，开合和顺，软硬可剪，就要求做到磨工精细，里外口磨透磨清爽，光洁平正，拖锋、铲锋恰到好处，两爿相称，销钉正直，无大小缝，口线平直，很有讲究。锋利度要求达到嫩口剪绸不带丝，老口剪布不打滑，不咬布。钢铁分明，头爿钢路一线到头，刃口钢宽狭匀称，无纯钢头，无翘钢，无明显夹灰。

"张小泉"在剪刀磨削上狠下功夫。磨削的前道工序包括敲缝与合脚，两爿剪刀相配，剪面不是平板一块，而是具有一定弧度的曲面，要靠手工敲打出头，侧弧的剪刀须经磨削才能剪切。磨削后进入下面的工序：相配和钉眼。把两爿头部大小、高低一致，壶瓶粗细、大小、高低一致，眼位高低左右一致的两爿剪刀用销钉组装起来。

磨剪刀的方法和磨其他刀的方法有一定的区别，因为剪刀在磨之前已经被敲了一个特定的弧度，有经验的磨刀人可以在平面的磨刀石上磨出带弧度的剪刀，右手抓住剪刀下脚、左手拿一小木棒，开槽、压住剪刀背、沾上水在磨刀石上磨，必须把剪刀里口、外口磨透，使磨过的剪刀口看上去有弧度，用直尺搁上去，口线是直的，达到这一要求才可称一把好剪刀磨出来了。然后再用泥砖细磨，手法与在磨刀石上磨是一样的，但手势轻重则有细微差别。张小泉使用江苏镇江的特产泥砖作为磨削工具，来磨出至关重要的弧度。这也是张小泉剪刀经久耐用的重要工艺。

遇上经验丰富的师傅，对工具的选择也很有讲究，磨刀石有软硬之分，泥砖更有软硬之分，粗细之别，只有工具得心应手，才能在生产剪刀过程中，得心应手地处理各种问题。

不论在磨刀石上磨还是在泥砖上磨，都不能出现靠背磨或者靠口磨，手要稳，不能把剪刀口磨圆，否则拷油时刃口无法相交。

在剪刀磨削时还要防止以下病疵：塌头起节、凹凸口、里口尾部不磨透、侧口、圆口、磨得不透、刃口不直。

接下来就是拷油：把装配后的剪刀进行整理校正，使其缝道一致、松紧适度。因为剪刀磨削后上过防锈油，所以剪刀行业把这道工序称为拷油榔头，简称拷油。

拷油这道工序有很多种操作手法，如刹根榔头、扳起榔头、扑一榔头等等。

在制剪行业里，不论是过去或是现在，其他各道工序都可以使用机器操作，比如打剪刀可以用跳板榔头、弹簧锤，热处理可用热处理流水线，磨削剪刀可以用砂轮机、宕磨机，合脚可用合脚机，敲缝可以用冲床压缝，唯有拷油这道工序至今还是用传统手工操作。

工欲善其事，必先利其器。拷油主要工具有铁磴、榔头、砂轮、试刀布、漏盘等简单的工具。作为拷油师傅主要工具的墩头与榔头，对能否生产好剪刀具有很重要的作用。有经验的拷油师傅，在墩头上开槽都要亲自去做槽的深度、宽度、坡面，每一人都有自己不同的理解。拷油榔头的轻重，木柄的长短粗细也都有讲究，用别人的榔头总会感到不顺手。

拷油的操作方法主要依靠手感目测，拷油师傅拿起一把剪刀，试一下销钉松紧，如太松，敲一榔头使其紧凑，如太紧，在墩头上拍一下，使销钉稍稍松动一些，再试着张开剪刀口、手感哪些地方起节（有凹凸手感、俗话说像竹节），把凸起的地方用榔头敲下去一点，凹下去的地方把剪刀面朝墩头，在剪背上拍一下，使其鼓出来一点，总之，要使两爿剪刀每一交点都能柔顺接触，以达最佳效果——剪切轻松。

一把剪刀是否达到开合和顺，最重要的一关就是拷油，当然也离不开前面各道工序的配合。剪刀行业内有一句俗语叫：格老儿归总，意思是说前面所有工序的病疵，到此来个大聚合，锻打时的毛病、磨削口线不直、凹凸口、里口尾部不磨透、塌头、起节、圆口、侧口等毛病都将在这里集中，这就需要拷油师傅有高超的技术，

——加以解决，最终使剪刀达到剪切锋利、张合轻松。

师傅领进门，修行在个人，即使同一师傅教出来的徒弟，每个人的悟性不同，成就不可能一个样。在剪刀行业中，拷油这道工序手工制作延续近千年，还是机械无法取代的，必须依靠拷油师傅们一榔头一榔头地敲出来。

不论剪刀磨削还是拷油，都需要经验的积累，不断摸索，因为每把剪刀的病疵都可能不一样，这把剪刀能用的方法，另一把剪刀就可能用不上，只有靠不断实践，才能全面掌握各种技艺，并能熟练运用。所以在剪刀行业，不论磨剪刀能手还是拷油高手，都会受到同行的尊重。

"张小泉"在研究淬火工艺上也有独特的见解，在实践中摸索出一套镶钢锻打剪刀淬火的新方法，既使刃口钢的硬度达到要求，又使剪体剪背的铁达到容易敲打的柔韧；使镶钢工艺达到珠联璧合的效果，这就是"张小泉"独特的掌握火候的功夫。淬火的技艺不光在加热，温度不能过高不能过低，关键在于回火，全用油冷却，效果不够理想，通过研究，采用油水混合液体作为冷却液，以达到较理想效果，实现钢的坚硬和铁的相对柔韧相结合，有利于后续工序的加工整理。

在剪刀制作过程中，锻打决定了剪刀的内在质量；淬火保证了剪刀刃口钢达到硬度与韧度要求；磨削则使剪刀达到锋利度要求；而拷油则使剪刀达到了剪切轻松的要求：几大工序分工合作，保证了张小泉剪刀的整体质量。

参考文献

［1］杨建新总主编，杭州张小泉集团有限公司编著.张小泉剪刀锻制技艺［M］.杭州：浙江摄影出版社，2009.

［2］张小泉人［M］（共4册，企业内部发行）.

［3］张祖盈，许子耕.杭州名剪张小泉百年史［A］.中国人民政治协商会议浙江省委员会，浙江文史资料选辑（第十六辑）［M］.杭州：浙江人民出版社，1980.

［4］杭州市经济调查［A］.吴相湘，刘绍唐.民国史料丛刊（第十二辑）［M］.台北：传记文学出版社，1971.

［5］（清）钟毓龙.说杭州［M］.杭州：浙江人民出版社，1983年版.

［6］（清）丁丙.武林坊巷志［M］.杭州：浙江人民出版社，1986年版.

［7］（清）范祖述.杭俗遗风（清同治三年手抄本）［M］.

［8］邹阳洋.张小泉剪刀研究［D］.杭州：浙江大学人文学院，2006.

［9］彭泽益.清代前期手工业的发展［A］.南京大学历史系明清史研究室，中国资本主义的萌芽问题论文集［M］.南京：江苏人民出版社，1983年版.

［10］蒋成泉.名剪创新记：张小泉剪刀厂见闻［N］.浙江日报，1979-6-9（2）.

［11］蒋成泉."张小泉"生产近百种旅游剪刀［N］.旅游，1981-7-14（2）.

［12］蒋成泉.小泉满中华［N］.浙江日报，1981-6-9（1）.

［13］蒋成泉.张小泉剪刀添新彩［N］.杭州日报，1982-9-11

（2）.

　　［14］赵永久,李俏.百年老字号"张小泉"通过质量认证［N］.杭州日报，2003-2-12（2）.

　　［15］赵永久.老字号张小泉改制图振兴，昔日职工今成股东更发奋［N］.浙江工人报，2001-1-2（2）.

　　［16］赵永久.张小泉：从百年老字号向国际知名品牌进军［N］.杭州日报，2010-4-29（2）.

　　［17］陈德春.张小泉生产出首批丝绸花齿剪［N］.浙江日报，1981-4-24（1）.

　　［18］陈德春.全国第一条民用剪热处理生产线在张小泉投产［N］.杭州日报，1983-4-2（1）.

　　［19］谢炳荣.刀上添花［N］.杭州日报、1962-12-19（2）.

　　［20］沈进.张小泉剪刀厂扩大自销权向各地一些企业直接供货［N］.人民日报，1980-10-30（1）.

　　［21］王传礼.直挂云帆济沧海：记张小泉成名339年［J］.中国五金与厨卫，2003（8）.

　　［22］李克敏.张小泉、王麻子剪刀传统工艺的调查研究［J］.中国科技史料，1992，13（2）.

　　［23］赵大川.杭州老字号系列丛书（百货篇）［M］.杭州：浙江大学出版社，2008年版.

　　［24］杭州市经济委员会.杭州工业类非物质文化遗产大观［M］.杭州：西泠印社出版社，2011：24.

后　记

　　历时一年,《浙江省国家级非物质文化遗产代表性传承人口述史丛书·施金水卷》即将付梓。我如释重负,也收获满满,觉得做了一件有意义的事情。

　　张小泉剪刀是明清以来中国制剪行业发展历史的典型代表。杭州人心中的"张小泉",恐怕不只是剪刀,更升华为一种生活的积淀,一个时代的浓缩,一个地方的荣光。一个品牌能走过300多年的风雨依然充满活力,这本身就是一个奇迹。而创造这种奇迹的,则是世代相传的"良钢精作"的"张小泉"精神。正是这种技艺和精神,为"张小泉"品牌的形成、巩固和发展,奠定了坚实的基础。

　　"张小泉"精神在国家级非遗代表性传承人施金水身上得到了充分体现。当了一辈子的手工剪刀锻造师,87岁的施金水,耐不住对剪刀的感情,不管刮风、寒来暑往,每周都会出现在城北刀剪剑博物馆旁的手工艺活态展示馆里,与两个徒弟一起,烧铁制剪,为人们展示张小泉剪刀最原汁原味的72道工序。"我就是一个退休工人,但永远是张小泉打剪刀的人。"这就是施金水对自己的诠释。

　　以施金水这一个体为视角进行口述记录,相比典籍,可以更加鲜活、生动、真实地呈现出中国手工业的历史发展轨迹。对于连接过去与未来,引导社会价值观走向,激发公众参与非遗保护的热情也具有积极的意义。当下,传统工艺振兴是个热词。我们喜爱过去的老物件、旧式的生活物品,很大程度上是对记忆中过往时代的美好追溯,一种对田园牧歌式精神家园的向往。但很多时候记忆是有欺骗性的,我们在美化过去的同时,却模糊了真实的历史。我想,只有我们真正走进手艺人的内心,看到他们的哭、他们的笑,切身感受到他们的辛酸、无奈、卑微、喜悦、幸运、冲突……理解了他们的选择,这样才算真正了解那个时代。也只有这样,我们才能真正读懂那一段历史。

　　俗话说,"世上有三苦,撑船、打铁、磨豆腐"。旧时生产效率低下,物资紧缺,温饱便是老百姓最大的天。像许多手艺人一样,如果不是为了解决吃饭问题，施金水年少时断不会背井离乡去学手艺的，更何况是做最苦最累的打剪刀行当。"一台炉灶一把锤子，一只风箱一把钳，一柄锉刀一条凳，一块磨石一只盆。"这是纯手工制作一把剪刀的必备工具。从一根铁到一把剪刀，共有72道程序，全部靠手工凭体力完成。剪刀师傅有句俗话，"后面扑扑叫，前面结煳焦"。这句话贴切地形容了剪刀师傅冬天做生活的辛苦：背后的衣服被西北风吹得扑扑响，很冷很冷；前胸在炉膛烘烤和锻打的共同作用下，就像饭锅底烧焦结成的锅巴。旧时老话说得好，"当官一阵烟，手艺一辈子，土地万万年"。有门手艺的话，能够凑合着一家老小温饱，虽然有点勉强，但也不至于在乱世中饿死。因此，即使打剪刀再辛苦，倒也未尝不是生计所在。

施金水出生在旧社会，手艺也学在旧社会。中华人民共和国成立以后的重大历史事件，如三大改造、公私合营、大炼钢铁、三年困难时期、"文化大革命"、改革开放、新世纪以来的非遗保护事业兴起，他都是真切的经历者。从手工制剪刀的技能看，他是厂里最早的7位七级工之一，参与锻制的民用剪曾连续五次获全国剪刀质量评比第一名。如果社会变革不是那么快的话，仅凭手艺撑起一家老少较为体面的生活还是不成问题的。无奈三十年河东，三十年河西。在市场经济的剧烈冲击下，曾有那么一段时间，传统手工剪刀变成了技术淘汰的对象和生产落后的象征。英雄无用武之地，空余一声嗟叹。

而在时代大潮里，他又是幸运的。新世纪以来兴起的非遗保护工作带来了思想革命，传统工艺振兴甚至上升到国家文化传承的战略高度，一定程度上改变了一部分原本处于社会底层的手艺人的命运。像施金水自不必说，得到了国家的扶持和社会各界的广泛关注。他本人和1978年就去世的张小泉第八代传人张祖盈并没有交集，如果不是因为中华人民共和国成立后的手工业改造，他也许一辈子和"张小泉"也不会有关联。采访中，我对他最大的印象就是他常挂在嘴边的几句口头禅，"都是有规定的""就是这么回事"。和绝大部分底层手艺人一样，他的文化程度是不高的，很难说出理论性总结的话。尽管手艺属于佼佼者行列，思想和为人也不错，但如果没有非遗保护事业，一定也是带着"剪刀师傅""好人"这样的标签淹没于众人了。国家级代表性传承人的身份，既属于他的，也可以说不属于他的。这种身份更像是一个代表传统手工制剪行业的符号。这个符号不属于一家一姓，它是手工制剪群体的共同财富。虽然这个符号离我们越来越远，呈现的背影也是越来越模糊。有幸有这么一个或几个坐标，让我们还能够还原那个群体的历史。

编著这本口述史，让我看到了非遗保护工作的另一个潜在而深远的功绩，那就是给广大传承人带来了荣誉激励和感召，让他们找到了自我存在的社会意义。比如，采访中的一个细节，让我感触很深。施金水大徒弟、市级传承人丁纪灿老师看着自己没有纹路的手，流泪了。他每个月拿到手的工资 2640 元，过不下去啊，好几次都想不干了。想法归想法，近来我还在杭州手工艺活态展示馆里看到了他的身影。当然，因为生活所迫，他也根据现代人的观念，努力做点改进，偶尔也能卖几把剪刀实现"创收"，其中最好的一把剪刀甚至卖到了 2000 多元。虽然施金水在观念上也不是完全认同徒弟的"创新"，但这也真实表明新一代剪刀人为事业传承开展了苦苦地摸索。我觉得，只要我们对当下境遇有改变的欲望，还想改善下生活，那么剪刀也好、社会也好、国家也好，总有向前向上的希望。新的产品需求得不到满足，那就成了被圈养的展示，注定只是种无病呻吟。因此，我再去看手工锻制剪刀，并不完全出于一种怀旧情节。在施金水、丁纪灿、陈伟明等人身上，我也看到了中国手艺人的坚守、传承和对创造更加美好生活的砥砺前行。

这本口述史编着编着，我仿佛看到了 30 年、50 年以后的自己。人生百年，说长不长，说短不短。在这几十年中，总有那么几件翻天覆地的大事发生。施金水 1983 年提前退休，让有病疾的小儿子顶职，这对 90 后的年轻一代可能是不可想象的。世界变化如此之快，我们苦苦追寻，诸如做这个口述史到底在追寻什么呢？就剪刀而言，每个时代有每个时代的生活和设计，观念和产品的更新换代是发展的常态。时代赋予商业不同的"衣裳"，但时光流转，脱去这层衣裳，肯定有些亘古不变的东西，那才是一切生命力的源泉。施金水作为个体，时势造英雄，成也罢败也罢，有其特殊的机缘，并不具有复制性。从他们身上可以找到些变化之外的东西，那些对当下以及今后生活还有积极意义的元素。这或许是做这个口述史的意义所在吧。

随着认识的深化，我有几个小小体会，这是之前所没有的。长江后浪推前浪，世上新人赶旧人。一个品牌能够做到几百年屹立不倒，是件非常艰难的事情。非遗保护关注施金水等个体在技艺传承的同时，也应该关注张小泉"首创嵌钢制剪""率先使用抛光镀镍技术处理剪刀表面""我国商标注册史上的第一批注册商标"等在更加波澜广阔的社会政治生活层面中造成的影响。让我惊讶的是，"张小泉"总能够不断开发出让竞争对手竞相模仿的产品。这需要每一代人都根据相应的社会环境进行责任担当。稍有不慎，就会掉进不测的深渊。因此，张小泉"琴记""井记""道记""静记"等众多冒名者的出现绝不是偶然的。成功就是一大堆人拿你当标杆，想来模仿你、假冒你、超越你。换句话说，非遗传承既是一份沉甸甸的责任，更是一种不断创造新价值、不断挑战高峰的时代担当。

其次，施金水、丁纪灿两位师徒的新旧思想观念冲突，也是我在做这个口述史当中所重点关注的。我完全理解生存的重要性，也为丁纪灿老师的流泪怅然神伤。责任、使命、兴趣，等等，在怎么"活下去"面前，是多么的苍白和无力。每个人为当下的自己活着，又在不经意间推动了社会全体的进步。老一辈师傅们在工作实践当中就是不停地生产家里的使用品，不停地改进自己的技能，提高产品的性能。的的确确，传统工艺都不容易的，它是我们中国几千年文明历史的佐证，就如丁纪灿老师说的，"集体智慧的结晶"吧。

再次，丁纪灿老师另外一句话对我也触动很大，"旧时大家都还是以个体为单位的，一个老板带着几个帮工徒弟生产剪坯，生产也不是从头到尾的。比如说你做前半部分，但打造的归打造，后续加工的加工，销售的销售。虽然手工制作，其实也是分工合作的结构的"。哪怕只有一个炉灶的小作坊，它也深深嵌入整个社会分工协作的体系中。分工越来越细，行业协作越来越紧密，这是人类社会不可逆转的大趋势。我们个体的命运也是深深嵌入历史和社会的洪流当中的。张小泉剪刀锻制技艺等非遗项目让我们看到的是不同于主流生活方式的另外一种活法，但他们所凝聚起来的共同的思想理念、传统美德、人文精神是一体的。当下，在非遗保护中，我们既要尊重差异，包容多样性，也要正视共性、增进一体；保护工作中要尊重差异而不强化差异，保持特性而不强化特性。

这本口述史的编撰，对我本人来说是个不小的挑战。除了查阅大量的文献资料外，我也躬身向专家、向传承人、向非遗同人等学习。感谢郭艺主任给我这次宝贵的学习机会。我因此得与张小泉这一民族文化品牌结缘。在编撰过程中，浙江省非物质文化遗产保护中心许林田、郑金开等领导、同事很是关心、重视，多次询问书稿进展，全力支持编者走访传承人、查阅核实资料、修改完善书稿等各项事宜，并给予了细致而有针对性的指导。为了使这本书更完整，郭云青、陈顺水老师最后对样稿进行了编审。他们一丝不苟、谨慎认真的工作态度很是感人，值得我好好学习。此外，浙江省非物质文化遗产保护专家委员会委员郑巨欣教授、拱墅区非物质文化遗产保护中心文闻主任、张小泉集团有限公司王艳女士等对本书的编撰提出了宝贵的建议和意见，并参与审阅书稿。传承人本人、传承人家属、同事、学生，传承人所在地杭州市拱墅区非遗中心、张小泉集团有限公司等，也都积极配合，核对内容、提供资料。在此对所有的单位和个人表示衷心的感谢。

为了保持原真性，便于还原采访的真实情境，这本书遵循口述史丛书的体例，以口述访谈内容为主，依照施金水的语言表述习惯行文成篇。方言可能会影响阅读，故文中采用一些注释来解释说明；传承人以及相关人员的访谈中有遗漏或口误之处，文中用括号里的内容来补充说明。对于清末及民国时期的张小泉剪刀发展史，张祖盈是个无法绕开的人物，本书附录中对他个人情况进行了介绍。鉴于编者水平有限，书中不足之处难免，祈望各位专家和读者批评指正。

潘昌初

2020 年 9 月

责任编辑：张　磊

装帧设计：薛　蔚

责任校对：高余朵

责任印制：汪立峰

图书在版编目（ＣＩＰ）数据

浙江省国家级非物质文化遗产代表性传承人口述史丛
书. 施金水卷 / 郭艺主编；潘昌初编著. -- 杭州 ： 浙
江摄影出版社，2022.6
　ISBN 978-7-5514-3948-0

　Ⅰ. ①浙… Ⅱ. ①郭… ②潘… Ⅲ. ①施金水—事迹
Ⅳ. ①K825.7

中国版本图书馆CIP数据核字(2022)第080153号

ZHEJIANGSHENG GUOJIAJI FEIWUZHI WENHUA YICHAN DAIBIAOXING
CHUANCHENGREN KOUSHUSHI CONGSHU

浙江省国家级非物质文化遗产代表性传承人口述史丛书
SHIJINSHUI JUAN
施金水卷

郭　艺 主编　潘昌初 编著

浙江摄影出版社出版发行
　　地址：杭州市体育场路 347 号
　　邮编：310006
　　网址：www.photo.zjcb.com
制版：浙江新华图文制作有限公司
印刷：浙江新华印刷技术有限公司
开本：787mm×1092mm　　1/16
印张：7.5
2022年6月第1版　　2022年6月第1次印刷
ISBN 978-7-5514-3948-0
定价：68.00元